전국국어교사모임과 함께하는

멘토의 국어 수업 독서

전국국어교사모임과 함께하는

멘토의 국어 수업: 독서

초판 1쇄 발행 2026년 1월 15일

지은이　　송승훈 국윤나 성보혜
펴낸이　　이영선
책임편집　이현정

편집　　　이일규 김선정 김문정 김종훈 이현정 조유진
디자인　　김회량 위수연
독자본부　김일신 손미경 정혜영 김연수 김민수 박정래 김인환

펴낸곳 서해문집 | 출판등록 1989년 3월 16일(제406-2005-000047호)
주소 경기도 파주시 광인사길 217(파주출판도시)
전화 (031)955-7470 | 팩스 (031)955-7469
홈페이지 www.booksea.co.kr | 이메일 shmj21@hanmail.net

ⓒ송승훈 국윤나 성보혜, 2026
ISBN 979-11-94413-80-6 04370
ISBN 979-11-94413-77-6 (세트)

전국국어교사모임과 함께하는

멘토의 국어 수업 독서

욕심 있는 교사를 위한 독서 수업 A to Z

송승훈 국윤나
성보혜 지음

서해문집

그러니까 이 책은 공주에서
피어올랐습니다

그동안 전국국어교사모임(전국모)이 열어준 공부 자리를 참
많이도 찾아다녔습니다. 그곳에서 만난 눈 맑은 선생님들과
함께 나눴던 이야기는 강물처럼 흘러들어 우리를 적셨습니다.
그곳에서 얻은 살뜰한 배움은 힘든 순간마다 샘물처럼 솟아올라
아이들을 다시 만나게 하는 기운이 되었습니다. 2023년 1월의
전국모 겨울 연수도 그랬습니다. 공주의 구도심을 가르는
제민천 가에서 만난 선생님들은 생기가 넘쳤습니다. 돌림병의
지난한 시간이 이런 배움의 자리를 더욱 갈망하게 했을까요?
어느 때보다도 뜨거웠던 그날의 열기는 지금 돌이켜봐도
대단했습니다. 국어 수업 하나만으로도 선생님들의 이야기는
멈출 새가 없었습니다. 분명 우리는 서로를 향해 있었습니다.
연수를 마치고 눈 쌓인 부소산성 길을 걸으며 우리가 만난
선생님들의 눈빛을 떠올렸습니다. 이들을 위한 내비게이션과
같은 안내서가 있으면 좋겠다 싶었습니다. 그래서 지역 모임으로
돌아가 현장의 선생님들과 함께 그동안 국어 수업을 하며 품었던

궁금증을 차곡차곡 쌓아 올렸습니다. 그리고 그 질문의 꼭대기에 거뜬히 올라 우리의 멘토가 되어줄 선생님들을 수소문했습니다. 이렇게 전국모가 낳은 내로라하는 고수들에게 2년여를 묻고, 묻고, 또 물어 얻은 대답이 《멘토의 국어 수업》입니다.

그러니까 이 책은 공주에서 피어올랐습니다. 더 나은 국어 수업을 향한 수많은 마음이 이 책을 낳은 것입니다. 그래서 이 책의 내용은 화법, 작문, 독서, 문학, 매체, 문법 등 영역을 가리지 않고, 결국 '어떻게 더 나은 국어 수업을 할 수 있을까?'로 수렴됩니다. 국어 수업에 막 발을 들여 앞길이 막막할 때, 어느 순간부터 수업이 막혀 고민이 깊어질 때, 지금까지의 수업을 한 단계 더 끌어올리고 싶을 때, 여기 실린 멘토들의 귀한 대답이 길을 밝혀줄 것입니다. 이론과 실제를 넘나들기에 이 책은 국어 수업을 관통하는 철학서이자, 교실에서 바로 활용 가능한 실용서라 할 수 있습니다. 이 책을 통해 많은 선생님이 전국모를 대표하는 멘토들을 곁에 두고, 언제든 쉽게 만날 수 있기를 바랍니다. 밤낮으로 애쓴 글쓴이들과 서해문집 출판사가 있어 이 아름다운 책이 세상에 나왔습니다. 깊이 감사드립니다.

경기국어교사모임 회장 김형태
연수국장 김선산

듣고 싶은 내용을
이야기했습니다

"제가 궁금해하는 점을 말해주세요."

언젠가 훌륭한 분의 강의를 들으며 저는 속으로 이 말을 되풀이하고 있었습니다. 제 일에서 풀리지 않는 의문이 있어서, 답을 찾으려고 그분의 강의를 들으러 갔는데요. 강의하는 분께서 정성껏 말씀하셨지만 제가 원하는 내용이 끝까지 나오지 않았습니다. 질문 답변 시간마저도 짧아서 제 의문을 풀지 못한 채 강의가 끝이 났습니다. 학교 마치고 저녁 때 시간 내서 강연장까지 먼 길을 간 보람이 없어서 아쉬웠죠.

경기국어교사모임에서 신기한 기획을 했습니다. 국어 교과의 영역마다 강사를 불러서 연수를 하는데 평소에 다른 단체나 기관에서 하는 방식과 달랐습니다. 보통은 강사가 주제에 맞춰 알아서 강의를 하지만 여기서는 저경력 선생님 두 분이 강사인 저와 미리 만나서 인터뷰를 했습니다. 연수 당일에는 저경력 선생님들이 인터뷰 내용을 정리해서 강사의 교육 방법에 대해 발표하고 그다음에 강사가 강의를 했습니다. 이렇게 하니까 청중이 듣고 싶은 내용에 맞춰서 이야기를 잘 할 수 있었습니다. 이 연수를 하면서 준비한 인터뷰도 좋았습니다. 한 번 강의하고 흘려보내기 아까워서, 그 내용으로 책을 펴내자고 했습니다. 이후 1년 동안 인터뷰를 더 하고 내용을 보완하고 다듬어 이 책을 냅니다.

첫 번째 질문자인 국윤나 선생님은 30대이고 교직 경력이 4년입니다. 두 번째 질문자인 성보혜 선생님은 30대이고 교사가 된 지 6년째입니다. 답변을 한 송승훈은 50대이고 교직 경력이 27년입니다. 질문자와 답변자 사이에는 세대 차이가 있습니다. 답변자인 저는 두 선생님이 묻는 말에 초점을 두어 대답하고, 묻지 않는 내용에는 되도록 말을 아꼈습니다. 듣는 사람이 듣고 싶어 하는 내용을 듣는 사람이 원하는 분량만큼 이야기한 게 이 책의 특징입니다. 질문이 다르면 답변도 다릅니다. 듣는 사람이 다르면, 말하는 사람도 달리 말을 하게 됩니다. 이 책은 독서 교육을 주제로 서로 다른 세대의 교사들이 소통한 기록이기도 합니다.

이 책을 읽으면 좋은 사람은 독서 교육에 대한 기본 지식이 있는데 이상하게 학교에서 자꾸 실패를 하는 교사입니다. 그리고 대학에서 교직을 준비하는 예비 교사에게는 이 책이 이론서에 나오지 않는 여러 현장의 문제 상황에 대응하는 능력을 높여주는 자료가 되리라고 봅니다.

송승훈 올림

차례

INTRO
대담

독서라는

삶의 태도

멘토: 송승훈

INTRO 대답

왜 읽어야 하냐고 묻는 너에게

독서라는 삶의 태도

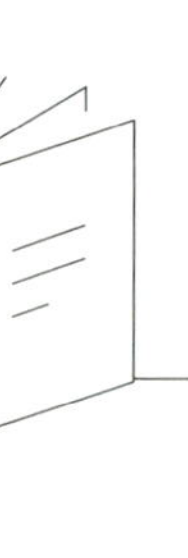

책을 좋아하지 않는 학생들과 수업을 하다 보면, "책을 꼭 읽어야 해요?" 같은 말을 들을 때가 있습니다. 처음에는 당황스럽기도 했고, 이미 '책은 재미없어!' '난 책 읽을 시간 없어!' 하고 결론을 내려버린 학생에게 어떻게 답해야 할지 난처했습니다. 그런데 그 질문이 계속 머리에 남더라고요. '책을 읽는다는 건 학생들에게 어떤 의미일까.' '나는 왜 독서 수업을 하고 있을까.' 그렇게 생긴 고민으로 이 대화를 시작하게 되었습니다. 현장에서 오랫동안 독서 수업을 해온 승훈 선생님과 이야기를 나누며, 그 안에서 제가 할 수 있는 방향을 찾고 싶었습니다.

윤나　선생님, 저희가 임용 준비할 때는 독서 교육의 목적이 지식 습득·다양한 삶과 문화 경험·바람직한 세계관과 자아 개념 형성이라고 배웠습니다. 그런데 막상 수업을 해보면 학생들의 반응은 "그래서요, 책을 꼭 읽어야 해요?" 이런 식으로 나오거든요.
오랜 기간 독서 교육을 해오신 입장에서, 그 목적을 어떻게 바라보고
계신지 궁금합니다.

승훈　저는 독서 교육의 핵심 목적을 두 가지로 정리합니다.
'살아가는 데 필요한 기본 능력을 기르는 것' 그리고 '사회적 격차를
줄이는 것'입니다.

독서 교육은 앞으로 먹고사는 힘, 즉 생존 능력을 기르기 위해
필요합니다. 현실을 판단하는 능력, 말귀를 알아듣고 자신의 생각을
정확하게 표현하는 소통 능력, 타인과 협력하고 관계를 맺는 능력,
이 모든 것을 책이라는 매체를 통해 훈련할 수 있습니다. 사람들과의
만남으로 배울 수도 있지만, 책은 더 넓은 세계, 더 다양한 이들의
욕망과 삶을 이해하게 해줍니다. 지금의 인간관계에서는 얻기
어려운 것을 조용히, 그러나 깊이 있게 전달하죠.

보혜　책이 소통의 도구이자 인간관계의 훈련장이 될 수도 있다는
말씀이 인상 깊네요. 학생들이 자꾸 친구와의 갈등이나 오해로
힘들어할 때, 문득 그런 생각이 들더라고요. '얘가 조금 더 다양한
관점을 접했으면 좋았을 텐데' 하고요.

승훈　정확하게 보셨습니다. 독서는 '타인의 마음을 미리 살아보는 훈련'이라고도 할 수 있습니다. 요즘 같은 시대에 타인의 욕망을 읽고, 맥락을 이해하고, 자기 언어로 정리할 줄 아는 사람은 결국 더 오래 더 잘 살게 되어 있죠.

보혜　사회적 격차를 말씀하셔서 그런데 문화체육관광부에서 2024년에 발표한 〈2023년 국민독서실태조사〉에 따르면, 초·중·고교 학생의 종합 독서율은 증가하고 있지만 월평균 소득 200만 원 미만인 저소득층의 독서율은 9.8퍼센트로 월평균 소득 500만 원 이상 고소득층의 독서율인 54.7퍼센트와 비교해봤을 때 굉장히 낮더라고요. 그렇다면 독서가 이런 격차를 더 키우는 건 아닐까요?

승훈　네, 그게 정말 큰 문제입니다. 실제로 부모의 사회 경제적 지위가 자녀에게 고스란히 대물림되는 계급 재생산 문제는 교육 사회학의 주요 주제였습니다. 교육 사회학에서는 부모가 가진 문화 자본이 자녀에게 영향을 미치고, 그것이 생활 태도나 습관, 인간관계, 학습 태도 등에까지 연결되어 성취의 차이를 만들어낸다고 봅니다. 책을 읽는다는 건, 읽는 아이가 스스로 자신의 문화 자본을 확장해나가는 과정이라고 저는 생각합니다. 사람에게 영향을 많이 미치는 것이 직접 경험, 인간관계, 그리고 간접 경험인데요.
직접 경험은 해외여행을 간다든지 하는 것이고, 인간관계는 가족
행사에서 의사나 교수 같은 전문직 어른들의 대화를 듣는 거예요.
이건 부모의 지위가 높을수록 자주 일어납니다.

책은 그런 기회를 갖지 못한 아이들에게 대안이 될 수 있습니다.
해외에 나가지 않아도 책을 통해 간접적으로 다른 나라의 문화와
사회를 알 수 있고, 일상에서 접하기 힘든 직업군의 세계도 엿볼 수
있거든요. 어떤 아이든 책 속에서는 의사, 작가, 디자이너를 만날 수
있어요.

독서는 개인의 내면을 형성하는 데도 큰 영향을 줍니다. 그저 정보만
쌓이는 것이 아니라, 사고방식이나 감정 표현, 취향까지 넓히죠.

윤나　말씀을 들으니까 확 와닿아요. 제가 어렸을 때 딱 이
케이스였거든요. 부모님이 맞벌이하시느라 늦게까지 일하셨고,
주변에 특별히 문화를 누릴 수 있는 환경도 없었어요. 그런데 책을
통해 '취향'이라는 걸 알게 됐던 기억이 있어요.
소설 속 상류층 인물들은 취향이 아주 구체적이잖아요. 예를 들면
커피를 몇 온스로 마시는지, 어떤 음악을 즐겨 듣는지, 어떤 색의
옷을 입는지 아주 세세하게 묘사하죠. 저는 그런 걸 보면서 '아, 저런
세계도 존재하는구나' 하고 처음 알았어요.

그래서 저는 문화 자본의 부족이 단순한 지식이나 배경의 부족이 아니라, '취향을 향유할 수 있는 기회'의 제약이라고 느껴요. 책이 없었다면 그 감각조차도 몰랐을 거예요.

승훈　중요한 이야기네요. 취향이 문화 자본이에요. 저도 비슷한 경험이 있어요. 고등학교 땐 평준화된 환경에서 다양한 친구들과 어울리다가, 대학에 가서는 비슷한 사람들과 어울리게 되었죠. 그러다가 군대에 가서 다시 다양한 사람들과 부대끼게 되었는데, 그 안에서 사람에 따라 삶의 방식이 많이 다르다는 걸 체감했어요. 예를 들어 어떤 병사들은 휴가 나가면 술, 당구, 클럽, 이런 코스를 계속 반복하더라고요. 그게 전부는 아니겠지만 도서관? 저자 강연? 책? 그런 건 생각조차 안 해요. 저한테는 '스포츠신문도 안 보고, 당구도 안 치고, 클럽도 안 가면 도대체 무슨 재미로 사냐'고 묻더라고요. 그 친구들에게는 그게 노는 문화고 삶의 방식이었던 거예요. 그런데 이런 삶의 시나리오만 알고 살아간다면 결국 그게 인생의 선택지를 좁히고, 장기적으로는 사회적 격차로 이어지죠. 책은 비용이 크게 들지 않고 접근성도 좋다는 측면에서 사람의 시야를 조금이나마 넓혀줄 수 있는 현실적인 수단이에요.

윤나　선생님 말씀은 정말 공감되는데요. 문제는 학생들에게 이

가치를 어떻게 전달하느냐인 것 같아요. 지금 우리가 하는 얘기들은 다 인생을 돌아보면서 '아, 그게 중요했구나' 하고 느끼는 거잖아요. 학생들은 당장의 재미나 필요성 외에는 잘 받아들이지 않는데, 이런 이야기를 현실적인 언어로 전하려면 어떻게 해야 할까요?

승훈　사실 이런 가치들을 어떻게 '교육 현장에서 언어화하고 실현하느냐'가 독서 교육의 성패를 가르는 핵심이에요. 저는 그렇게 생각합니다.

> "중학생은 원래 책을 읽고 글을 쓰는 존재다."
> "고등학생이라면 책을 읽고
> 자기 생각을 논리적으로 정리할 수 있어야 한다."
> 이런 당위의 언어로 기준을 설정하고,
> 그 기준에 학생들이 스스로 다가가도록 유도해야 합니다.

제가 젊은 시절, 상업계 고등학교에서 수업을 했어요. 정말 다양한 학생이 있었고, 양극화의 현실을 절감하는 시간이었죠. 처음에는 최대한 논리적으로 설득하려고 했어요. '책 읽기가 왜 중요한가?' '왜 너희에게 독서가 필요한가?' 이성적으로 설명했죠. 그런데 그런 언어가 통하는 학생은 아주 적었어요. 대부분은 '책 읽는 사람을 주변에서 본 경험'이 없기 때문에 저의 말이 안 와닿습니다. 그럴 땐 선생님이 책 읽는 삶을 보여줘야 해요.

책을 읽는 교사, 글을 쓰는 교사, 생각을 나누는 교사의 모습을 통해서 '아, 이런 삶도 있구나'라는 가능성을 보여주는 겁니다. 그리고 학교에서 책을 읽고 글을 쓰는 일이 '당연한 일'이 되도록 문화를 만들어가는 거죠.

보혜　듣고 보니, 교사인 제 삶의 방식 자체가 하나의 메시지가 될 수 있겠다는 생각이 듭니다. 학생들이 당장은 공감하지 못하더라도, 저희가 책 읽고 사유하는 삶을 당연하게 살아내는 모습을 보여준다면 언젠가는 그게 어떤 기준이 되어줄 수도 있겠네요.

승훈　맞습니다. 학생들에게 무언가를 강요하기보다, 원래 그렇게 하는 거라고 자연스레 체득하게 하는 것. 그게 가장 강력한 교육입니다.

윤나　그런데도 끝까지 책을 왜 읽어야 하냐고 묻는 학생들이 있습니다. 진지하게 묻기보다는 장난처럼 던지는 경우가 많아요. 선생님께서는 이런 상황에 어떻게 대응하시나요?

승훈　　그런 질문을 들으면 저는 먼저 그 질문의 '의도'를
읽으려고 합니다. 학생들이 그 질문을 던지는 건, 정말로 독서의
의미를 알고 싶어서라기보다는 수업을 가볍게 흐리려 하거나
장난삼아 하는 경우가 많습니다. 그럴 땐 너무 진지하게 대응하지
않습니다. 오히려 유머로 가볍게 넘기죠. 예를 들어 "책을 읽으면
똑똑해진다"라고 하면, 학생들이 "요즘은 유튜브 봐도 똑똑해질
수 있어요"라고 받아쳐요. 그럼 저는 "책도 읽고 유튜브도 보면
더 똑똑해지겠네?"라고 웃으면서 말합니다. 이런 대화에 논리로
대응하면 수렁에 빠지기 쉽습니다. 교사도 지치고요. 재치 있게, 약간
웃기게, 허무 개그처럼 대응하는 게 좋습니다.

윤나　　말씀하신 것과 비슷한 경험이 있어요. 책이 왜 필요하냐고
물었을 때 정색하고 설명해준 적이 있었는데, 나중엔 괜히 제
기분만 상하더라고요. 장난 섞인 질문에 너무 진지하게 대응했구나
싶었습니다.

승훈　　맞아요. 말의 내용보다 '말하는 태도'를 읽는 것이
중요합니다. 진심이 아니라면 가볍게 받아치는 게 좋아요. 만약
학생이 진지하게 묻는 경우라면, 그땐 제대로 대화를 나눠야겠죠.

"책을 꼭 읽어야 해요?"라는 질문은 가볍게 던지는 투정 같지만, 그 안에는 우리가 놓치지 말아야 할 교육의 본질이 담겨 있기도 합니다. 독서는 지식을 전달하는 활동을 넘어, 학생이 자기 삶을 이해하고 세상을 바라보는 시야를 넓히는 과정입니다. 당장은 효과가 눈에 띄지 않더라도, 교사와 학생이 함께 책을 읽고 대화하는 시간은 분명 어떤 가능성을 열어줍니다. 독서 수업의 가치에 대한 확신과 방향이 흔들릴 때마다 그 가능성을 기억하며 한 문장, 한 문장을 같이 읽어가면 어떨까요.

그 시작은 "그래서, 왜 책을 읽어야 하나요?"라는 물음이 될 수 있습니다.

여기
네 취향
하나 정도는
있겠지?

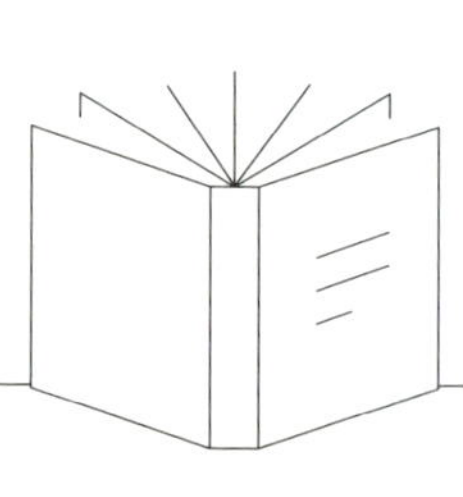

수업을 설계할 때 고민되는 순간 중 하나는 책을 고를 때가 아닐까 합니다. '좋은 책'이 곧 '잘 읽히는 책'은 아니고, '학생에게 맞는 책'은 상황마다 달라지기도 하죠. 교사의 취향과 수업의 목표, 그리고 학생의 성향이 겹치는 지점을 찾는 일은 여전히 어려운 숙제입니다. 대담을 진행하면서도 이와 관련된 질문들이 이어졌습니다. 많은 선생님이 같은 숙제를 안고 끙끙대고 있던 것이었습니다.

윤나　독서 수업을 계획하고 준비할 때 부딪히는 어려운 점 가운데 하나가 바로 도서 선정이에요. 학생들에게 맞는 책을 고르고, 그걸 어떻게 수업에 녹일 것인가에서 막히면 막막해지거든요. 이런 고민을 덜어주는 비빌 언덕이 있을까요?

승훈　좋은 질문입니다. 먼저 독서를 수업에 녹일 때 중요한 건 책을 읽는 시간 자체를 확보하는 겁니다. 저는 한 학기의 한 달을 통째로 비워두는 편입니다. 이를 위해 교과서 진도를 빠르게 나가야 하죠. 핵심 개념과 성취기준을 중심으로 수업하고 자잘한 지식은 적당한 수준에서만 알려줍니다. 그리고 교과서에 나오는 학습활동 중에서 독서와 연관 지어 할 수 있는 건 독서 시간으로 넘겨서 한 것으로 합니다. 그러고 나서 한 달 중 2주 정도인 4차시에서 8차시를 책 읽는 시간으로 확보합니다.

보혜　진도 압박이 있어서 책 읽는 시간을 따로 떼어내기가 쉽지 않은데, 수업 구조를 잘 설계하면 가능하겠네요. 그 시간을 확보한 후에는 어떤 활동들을 하시나요?

승훈　기본적으로는 독서일지 쓰기, 책 광고 만들기, 책 대화하기, 인터뷰하기, 질문 중심 활동, 토론 등 다양하게 진행합니다. 중요한 건 활동으로 책의 내용을 더 깊고 풍부하게 바라보도록 만드는 거죠. 예를 들어 독서 토론은 단순한 찬반이 아니라 인물의 가치관, 세계관, 문제 해결 방안을 논의하는 방식으로 해야 합니다.

윤나　질문 중심 활동이 흥미로워보이네요. 어떤 식의 질문을 제시하시나요?

승훈 책을 더 깊이 읽게 하는 질문을 제시합니다. 소설책을 읽은 경우라면 "등장인물의 결정적인 선택은 무엇이었을까?" "그 선택이 사건 전개에 어떤 영향을 미쳤을까?" "작가가 전하고자 하는 메시지는 무엇일까?" 같은 질문을 줄 수 있습니다.

보혜 도서 선정 기준은 어떻게 세우는지 궁금합니다. 책 고르는 것도 쉽지 않거든요.

승훈 필수 조건으로 두 가지를 제시할 수 있습니다. 첫째는 '그 분야 사람들에게 인정받는 사람이 쓴 책인가?'를 살펴봅니다. 과학 관련 책을 권할 때, 저자가 그래도 과학자들 사이에서 인정받는 사람인지를 확인하는 건 아주 기본이라고 생각해요. 확인하는 방법은 쉽습니다. 작가의 프로필을 통해 해당 분야에서 어떤 성취가 있었는지, 인지도가 어떠한지 살펴보면 됩니다. 두 번째는 '학생들 수준에 적합한 책인가?'입니다. 나와 같이 공부하는 아이들이 소화할 수 있는 책인가를 살피는 것이죠. 저는 아이들에게 읽히고 싶은 책을 한 10권 들고 교실에 가서 괜찮은지를 판단할 수 있는 학생들이 15분가량 직접 책을 훑어보게 합니다. 그중에서 세 명 정도가 "안 되겠는데요"라고 반응하면 재고를 할 필요가 있죠. 이렇게 두 반에서 세 반 정도 들어가서 확인해보면 학생들 수준에 적합한 책인가를 판단할 수 있습니다.

보혜　학생들이 한두 번 가볍게 읽으면서 '찍먹'을 해보게 하는 거네요. 아이들이 소화할 수 있는 책인지는 직접 확인하는 것이 제일 빠르다는 말씀이시고요. 이러한 필수 조건 말고 다른 조건을 제시해주신다면 뭐가 있을까요?

승훈　여기에 선택 조건을 추가한다면 '우리 공동체의 이로움'과 '학생 개인의 이로움'이 있습니다. 여름의 뜨거운 날씨를 경험하게 되면 많은 선생님이 환경에 대한 책을 권해요. 온난화가 심각하니, 내 자리에서 할 수 있는 걸 해야겠다는 의식이 수업에서 나타나는 거죠. 성차별이나 페미니즘 쟁점이 있을 때도 관련 책을 읽고 수업에 적용하려 하시고요. 이처럼 우리 사회의 문제에 다가갈 수 있는 책을 선정함으로써 학생들이 여러 문제를 인식하게 도울 수 있으면 좋겠죠.

학생의 상황에 맞는 책을 추천하는 것도 방법입니다. 아무리 좋은 책이라도 모든 학생에게 유익하지는 않아요. 예를 들어 가난하고 차별받으며 사는 사람의 사연을 담은 르포 형식의 책은 학업 성적이 낮은 학생에게 오히려 절망을 줄 수 있거든요. 학생이 소화할 수 있는 수준을 넘는 사회 비판을 담은 책은 비판 의식을 높이는 쪽으로 영향을 주지 않고, 학생에게 그나마 있던 삶의 의욕을 꺾기도 해요. 학생 개개인의 삶을 살피고 그 학생의 삶에 이로운 책을 추천해준다면 좋겠죠.

승훈 선생님의 도서 선정 기준

1. 그 분야 사람들에게 인정받는가? (필수 조건)

2. 학생들이 소화할 만한가? (필수 조건)

3. 우리 공동체에 이로운가? (선택 조건)

4. 개인에게 도움이 되는가? (선택 조건)

윤나　그럼 선생님은 수업용 책을 주로 어떻게 찾으세요? 추천 목록 같은 것도 있으신가요?

승훈　저는 주로 '물꼬방 추천 도서 목록'을 활용합니다. 모둠을 짠 뒤 그 목록을 학생들에게 먼저 보여주고 책을 고르게 해요. "이 목록에 학년 표시도 있으니까 확인해보고, 괜찮은 책 일곱 권 정도 뽑아. 그다음에 나랑 같이 얘기해서 최종 선정하자"라는 식으로 안내하죠.

또 하나 중요한 건, 다른 교사의 목록을 참고하는 것이에요. 서평을 쓰는 믿을 만한 분들이 페이스북에 있고, 수업 기록을 잘 갈무리해 올리는 교사들의 블로그에 종종 게시되는 추천 도서 관련 이야기도 도움이 됩니다. 연수 자리에서 만나는 교사들 사이의 입소문도 정말 귀한 정보입니다. 시간을 절약하는 동시에 좋은 책을 찾는 가장 현실적인 방법이죠.

보혜　책을 잘 읽지 않는 아이들에게 맞는 책을 찾는 건 더 어려운 일 같아요. 그런 아이들을 위한 도서는 어떻게 고르세요?

승훈　공부 잘하는 아이들은 솔직히 뭘 줘도 다 읽어요. 고민은 늘 '읽기 어려워하는 학생들'입니다. 이런 아이들은 직접적인 감정 이입이 가능한 이야기에 반응합니다. 특히 사회적 약자, 차별, 슬픔, 불의, 분노, 갈등이 담긴 책에 끌리는 경우가 많아요. 비정규직의 고단한 삶, 빈곤과 해체된 가족의 현실, 연쇄 살인범의 심리 구조, 청소년의 성폭력 피해 사례처럼 날것 같은 이야기가 오히려 이 아이들의 독서 진입장벽을 낮춰줍니다. 정의감이 불타오르는 시기이기도 하고, 자기 감정과 연결되는 지점이 생기면 집중력이 확 올라가요.

반면, 진로 안내서는 의외로 잘 안 읽히는 책입니다. 정보는 많은데 재미가 없어요. 아이들도 '해야 하니까' 읽으려고 들지, 자발적으로

탐독하는 경우는 드뭅니다. 직업에 관한 책은 '읽다 보면 이 책이
재미없게 느껴질 테지만, 학생들이 아직 이 책에 대한 기대가 있고
뭐 일단 시작은 괜찮으니까, 한번 해보자!'라는 마음으로 하면
괜찮습니다. 하지만 학생들을 매혹시키려면 어떤 박진감 있는 사건,
사고, 비극을 다룬 책을 줘야 성공률이 높습니다.

그래서 저는 처음엔 조금 충격적인 이야기가 담긴 책을 권하는
편이에요. 이게 오히려 책과의 첫 접촉을 성공시키는 열쇠가
되더라고요.

윤나　　그런데 수준이 낮은 책을 권하면 아이들이 창피해하거나
읽는 흉내만 내고 안 읽는 경우가 있어요. 그런 친구들에겐 어떻게
책을 권하세요?

승훈　　툭 던지듯이 무심하게 권하는 방법을 씁니다. "이 책
생각보다 괜찮아. 너한테 어울릴 것 같아"라고 하며 가볍게 얘기한
뒤 빠지죠. 설명이 길면 학생이 의심하거든요. 사실 야하거나
폭력적인 책은 대부분이 잘 읽어요. 물론 무턱대고 저질스러운
내용이 나오는 책이 아니라, 훌륭한 내용 속에 야함과 폭력이 심하게
나오는 책을 말합니다. 오해 없이 들어주셨으면 해요.

보혜　구체적으로 어떤 책들을 추천하시나요?

○
○　**승훈**　예를 들면,
○

권일용·고나무의 《악의 마음을 읽는 자들》(알마)

김진주의 《싸울게요, 안 죽었으니까》(글항아리)

배정원의 《배정원의 사랑학 수업》(행성B)

박미옥의 《형사 박미옥》(이야기장수)

배상훈의 《누가 진짜 범인인가》(앨피)

백가흠의 《마담뺑덕》(네오픽션)

장강명의 《댓글부대》(은행나무)

대한사회복지회의 《별을 보내다》(리즈앤북)

한국여성의전화의 《그 일은 전혀 사소하지 않습니다》(오월의봄)

표창원의 《프로파일러 표창원의 사건 추적》(지식의숲)

이 있습니다.

윤나　정말 책마다 색깔이 다르네요. 확실히 "여기에 네 취향
하나쯤은 있겠지"라고 말할 수 있게 하는 목록이에요.

○
○　**승훈**　맞아요. 학생이 책을 만나기만 하면, 그 책이 하나의
○

시작점이 되어줍니다. 취향을 찾고, 자기를 성장시킬 수 있는 그

지점을 잘 마련해주는 게 독서 교육의 핵심이에요.

대화를 나누면서 '모든 학생에게 완벽히 맞는 책은 없다'는 생각이
들었습니다. 하지만 어떤 학생에게 필요한 책은 반드시 존재합니다.
교사는 그 책과 학생이 만나도록 다리를 놓아주는 사람입니다.
이 만남이 읽기의 시작이 되고, 언젠가는 삶을 돌아보게 하는 계기가
되어줄 수 있을 거라고 기대합니다.

독서 수업에 왕도란 있다?

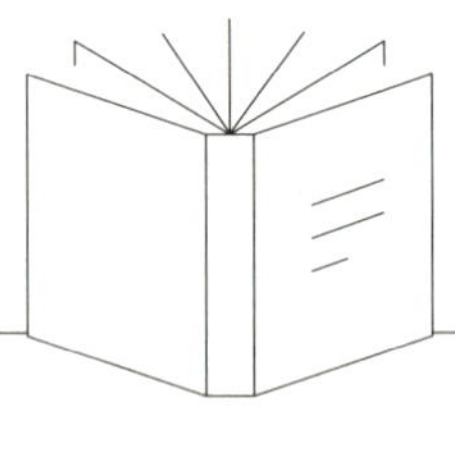

수업 중 "책은 그냥 읽으면 되는 거 아닌가요?"라는 말을 들을 때가 있습니다. 물론 읽기 자체는 누구나 할 수 있는 일입니다. 하지만 수업에서 '어떻게' 읽게 할 것인가를 고민하다 보면, 단순한 독서가 아닌 '교육적 독서'의 기준과 방법이 필요하다는 걸 절감하게 됩니다. 그래서 문득 궁금해졌습니다. 과연 '독서 교육에도 왕도가 있을까?' 하고요. 이 대화는 바로 그런 고민에서 출발했습니다. 독서에 필요한 핵심 능력과 이를 실제 수업에서 키워주는 방법을 구체적으로 짚어보고자 했습니다.

윤나　선생님, 가끔 '독서에 왕도가 없다'는 말을 듣는데요. 정말 그럴까요? 독서 교육에도 표준화된 방법이라는 게 있지 않을까요?

승훈　왕도, 있습니다. 다만 그걸 설명하려면 두 가지를 나눠서 얘기해야 해요. 하나는 어떤 능력이 필요한가, 다른 하나는 그 능력을 기르기 위한 방법이 무엇인가예요.

보혜　능력과 방법을 분리해서 본다는 말씀이군요. 능력부터 여쭤볼게요. 어떤 능력이 필요할까요?

승훈　제일 먼저는 어휘력이에요. 이건 정말 기본입니다. 모국어로 된 글도 모르는 단어가 절반 정도 있으면 전체 맥락이 흔들리잖아요. 고급 어휘를 정확히 알고 있으면 이해의 정교함과 깊이가 완전히 달라집니다.

윤나　아, 그래서 문학작품을 다룬 문제를 풀 때 어휘력이 중요하다고 느껴졌군요. '서정적' '회의적'과 같이 인물의 감정이나 분위기를 표현하는 단어를 정확히 알아야 하니까요.

승훈　그렇습니다. 두 번째는 기억력, 즉 읽고 난 뒤 내용을 다시 생각해내는 힘이에요. 열심히 읽긴 하는데, 나중에 보면 '까만 화면'처럼 아무것도 기억 못 하는 학생들 있잖아요? 교사로서 참 안타까운 순간이죠. 착하고 성실한데 성적은 안 나오고, 부모님도 얘한테 더 뭐라고 못 하시고요.

보혜 맞아요. 공부는 하는데 성과가 안 나오는 학생들, 정말
많아요. 저도 상담할 때 그 답답함을 느낍니다.

승훈 그다음에는 해석력, 비판력, 비교 분석 능력, 더 나아가서는
책의 내용을 책 바깥의 맥락이나 자기 경험과 연결해보는 응용력,
개인 또는 사회의 문제를 해결하는 능력까지 필요합니다. 이게
기본부터 고급 문해력까지 이어지는 능력의 층위예요. 어느 한두
가지라도 부족하면 노력한 만큼 결과가 안 나옵니다.

윤나 그럼 이런 능력들을 기르기 위한 방법에는 어떤 게
있을까요?

승훈 어휘력부터 보면, 가장 고상한 방법은 많이 읽는 것이에요.
어휘는 반복 노출로 학습되거든요. 그런데 현실적으로 다 읽지
않으니, 저는 수업 시간에 강제로라도 어휘를 학습시켜요.

보혜 강제로요?

승훈 네. 저는 한 학기에 두 권의 책을 읽고 400개의 어휘를 뽑게
합니다. 모르는 낱말에 번호를 붙이고 뜻을 찾아 쓰는 식으로 어휘를

정리하게 하고, 이걸 수행평가 점수의 10퍼센트로 반영해요. 중간과 기말로 두 번 평가하면 1년에 800개, 2년이면 1600개입니다. 국어·사회·과학, 세 과목이 이걸 같이 하면 최대 4800개까지도 확보할 수 있죠.

윤나 서울대학교 국어교육연구소에서 외국인 대학생을 대상으로 조사했을 때, 초급 단계 학습자의 어휘 크기는 약 1800개, 중급 단계는 약 3958개, 상급 단계는 약 7583개, 고급 단계는 1만 2795개라고 하더라구요. 이 연구 결과를 한국 학생들에게 비춰 생각했을 때 4000~5000개 정도면 실질적인 성과가 있겠어요.

보혜 그럼 채점은 어떻게 하시나요?

승훈 정리한 어휘의 개수별로 점수 구간을 구분하면 쉽게 채점할 수 있습니다. 만약 학교도서관 책이면 활동지를 만들어주고 거기에 단어 뜻을 쓰게 합니다. 본인 책인 경우, 단어 뜻을 책에 직접 쓰거나 활동지 또는 공책에 옮겨 쓰도록 해서 그걸 바탕으로 채점하면 됩니다.

윤나 채점까지도 어렵지 않으니, 교사와 학생 모두에게 유용한 평가 방식이네요.

승훈　그렇죠. 그리고 기억력 훈련에는 구술평가가 효과적이에요.
책을 읽고 주요 내용을 요약해서 말하거나 질문에 답하는 활동을
하면 자연스럽게 복습이 됩니다.

보혜　구술평가는 질문을 책마다 따로 준비하시나요?

승훈　아니요. 책별로 질문을 만들면 좋지만, 그렇게까지
준비하기는 어렵습니다. 사회·문화, 과학·기술, 평전, 소설, 시집처럼
책의 유형을 나누고 그 범위 안에서 두루 사용할 수 있는 질문을
만듭니다. 이 질문은 책 읽기 전에 미리 공개합니다. 그래야 학생들이
질문의 방향성을 가지고 읽게 되거든요.

윤나　질문을 읽기 전에 주는 것, 정말 중요한 포인트 같아요.
나중에 보면 '아, 이걸 생각하면서 읽었어야 했는데…' 하게
되니까요.

승훈　다음 단계인 해석 능력을 높여주는 방법은 간단합니다.
학생이 잠깐 생각하면 '아' 하고 깨달을 수 있는 읽을거리를 주고,

너의 언어로 내용을 설명해보라고 하거나 비슷한 사례를 찾아서 이야기해보라고 하면 됩니다.

비판력을 길러주려면 사회 비평이나 어떤 쟁점에 대한 관점이 분명하게 드러난 글을 주고, 이렇게 물으면 됩니다. '글쓴이의 주장에서 공감하는 점과 공감하지 못하는 점을 말해보자.' '글의 내용과 다른 관점을 담은 내용을 찾아보자.'

또 교과서에 책 내용이 어떻게 나왔는지 찾아서 비교하거나, 뉴스·영화·드라마 또는 인터넷에서 본 내용과 비교하라는 질문을 던지면 비교 분석력을 키울 수 있습니다.

책 내용을 통해 스스로 성찰하게 된 점 또는 자기 주변의 일을 새롭게 이해하거나 해석하게 된 점을 이야기해보라고 하면 응용력이 길러지지요.

마지막으로 문제 해결력을 키워주려면, 독서 후 여러 활동을 한 다음에 질문을 하나 덧붙이면 됩니다. '개인 또는 사회문제 해결에 도움이 되는 내용을 이야기해보라'고요.

독서 교육에서 어떤 책을 읽히는가, 그리고 어떤 질문에 답하게 하는가에 따라 학생들이 여러 능력을 키울 수 있습니다.

보혜　그런데 저는 수업할 때 항상 오독이 걱정돼요. 학생이 전혀 다른 방향으로 해석해버리면 교사로서도 힘들더라고요. 특히 책을 여러 권 권했을 때 모든 책을 다 파악하기 어려워서, 저는 보통 학기당 한 권만 깊이 있게 읽는 방식을 택하곤 했어요.

승훈　그게 맞는 선택일 수 있어요. 같은 책 한 권 읽기는 교사의 지도력이 극대화되는 방식이에요. 수행평가뿐 아니라 지필평가에도 반영할 수 있어서 오독 제어에 굉장히 효과적이죠.

윤나　같은 책 한 권 읽기의 단점은 다양성이 떨어진다는 것인데, 그건 어떻게 보세요?

승훈　그래서 저는 절충안을 씁니다. 7~15권 정도 제시한 뒤 학생들이 선택하게 하고, 그 책들에 대한 질문은 미리 유형화해서 제공해요. 책의 내용이 다르더라도 질문의 구조만 같으면 수업의 통제력이 유지됩니다.

보혜　오독을 막으려면 피드백도 중요하잖아요. 어떤 방법으로 대응하시나요?

승훈　서평 쓰기에 고쳐쓰기 활동을 더하면 좋습니다. 서평을

쓰게 한 뒤, 세 시간 정도 고쳐쓰기 시간을 확보해서 모둠별로
일대일 피드백을 줍니다. 1인당 2~3분, 모둠 전체와 10분가량
이야기하면서 오독된 내용을 자연스럽게 수정할 수 있어요.
책 대화하기 수업도 좋아요. 서로 이야기를 나누고 보고서로
정리하면 잘못 읽은 내용 중 약 50퍼센트는 자정 작용으로 조정되고,
나머지 부분은 교사의 개입으로 조정 가능하죠.

윤나　교사의 적당한 개입은 필요한 거 같아요. 〈꺼삐딴 리〉를 읽고
주인공을 '시류에 잘 적응하는 긍정적인 인물'로 해석하는 걸 보고
충격받은 적이 있어요.

승훈　그런 학생이 있어요. 그런데 그 생각을 꺼내게 하는 것
자체가 교육의 출발일 수 있습니다. 학생이 어떤 생각을 하는지
교사가 알아차리고 가르칠 수 있기 때문입니다.
구술평가도 큰 도움이 됩니다. 질문을 주고 학생과 면담하면, 아무
말 안 해도 아이들은 교사의 기준을 직감해요. 그 기준이 최소한의
윤리적 가이드라인 역할을 하죠.

보혜　학생들의 독해 수준 차이가 크면 어떤 책은 배경지식을
설명해줘야 하고, 어떤 때는 전략적인 독서 방법을 알려줘야

하더라고요. 이 비중을 어떻게 조절하시나요?

승훈　7대 3이나 반반으로 조절하면 됩니다. 전략을 알려줘야 할 때 그 글의 구조에 맞게 접근해요. 예를 들어 인상 깊은 문장 찾기, 주장 파악, 근거 문장 찾기 순으로 단계별 교육을 하죠.

윤나　전략이 잘 안 통하는 글도 있잖아요. 너무 어렵거나 말랑하지 않은 글들이요.

승훈　그럴 땐 그냥 교사가 읽는 과정을 재현하면 됩니다. "나는 이 문장을 이렇게 해석했는데, 왜 그럴까?" "이 부분은 잘 안 읽혔는데 어떤 맥락일까?" 이런 식으로 교사-고급 독자의 사고 흐름을 따라가게 합니다.

때로는 강의식으로 밀고 나가야 하는 글도 있습니다. 배경지식 없이는 이해되지 않는 글이죠. 이런 경우 90퍼센트를 교사 강의 위주로 가야 합니다. 이렇게 하다 보면 수업 전체가 사회나 과학 수업처럼 느껴지기도 하는데, 그것까지도 자연스러운 과정이라고 봐야 합니다.

보혜　성취기준에서는 '사실적, 추론적, 비판적, 감상적, 창의적

읽기'라고 해서 읽기 전략을 강조하는데, 막상 텍스트의 내용을
설명하는 쪽으로 수업이 흘러가면 '이래도 되나?' 싶었거든요.
그런데 어쩔 수 없이 글의 성격에 따라 변할 수밖에 없다는
말씀이신가요?

승훈　　그렇습니다. 왜냐하면 전략 중심 수업이 실제로 잘 안되는
경우가 많기 때문입니다. 전략을 가르쳐보려 시도하지만 반복적으로
실패하면 어느 순간 깨닫게 됩니다. '아, 이건 내가 잘 못하는
방식이구나.' 이 실패가 3년쯤 누적되면 비로소 납득이 되죠. 어떤
글은 전략보다 주입식 설명이 더 효과적이라는 것을요.
수업은 교사마다 다르게 작동합니다. 어떤 선생님이 잘하는 수업을
그대로 가져와도 잘 안되는 경우가 있습니다. 그럴 때는 내가 잘
못하는 영역임을 인정하고, 전략보다 설명 중심으로 가는 것이
오히려 낫습니다. 모든 성취기준을 동일한 깊이와 방식으로 가르칠
수는 없습니다. 우리 교사도 각자 강점과 약점이 있고, 교과서에 실린
모든 글이 수업에 적합하게 쓰인 것도 아닙니다.
따라서 어떤 단원에서는 과감하게 주입식 수업을 선택해도 됩니다.
상황에 따라 수업 시간의 50퍼센트, 심지어 70퍼센트까지도
배경지식 설명으로 채워질 수 있습니다. 다만 설명 위주 수업이
전체의 80퍼센트를 넘는다면, 그때는 수업의 방향을 다시 점검해볼

필요가 있습니다.

독서 수업에 흠 없는 매끄러운 길은 없습니다. 하지만 방향은 확실히 있습니다. 어휘력과 기억력, 해석력처럼 '기를 수 있는 능력'을 하나씩 짚어가며 학생들에게 맞는 책과 질문, 활동을 정교하게 설계하려고 노력하는 것입니다. 때로는 전략적으로, 때로는 단순하게, 자신의 방식대로 수업을 운영해도 괜찮습니다. 중요한 건 교사가 그 맥락을 알고 학생에게 꼭 필요한 독서 교육을 위해 고민하고 있다는 사실입니다.

우리의 역할은 '생각을 돕는 사람'

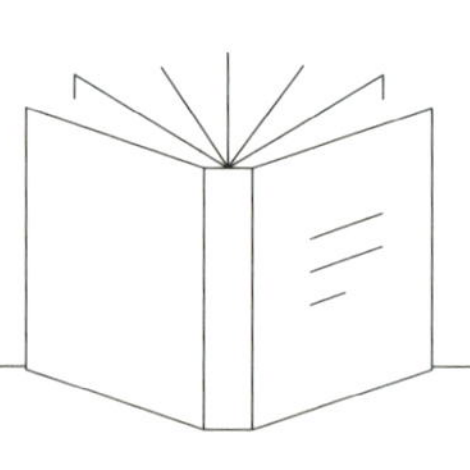

'한 학기 한 권 읽기'. 말은 익숙하지만, 막상 수업을 설계하고 운영하다 보면 어떻게 해야 할지 모를 때가 많습니다. 책은 정했는데 읽을 시간이 없고, 아이들은 읽지 않고, 수업은 흘러가기만 하죠. 가장 큰 문제는 진도에 맞추고 평가를 준비하다 보면 책 한 권을 느긋하게 읽을 여유가 좀처럼 생기지 않는다는 점이었습니다. 그러다 어느 날, 단순히 책을 읽히는 것에서 벗어나 '왜 이걸 하는가'를 다시 묻게 되었습니다. 이번 대화는 그런 물음에서 시작했습니다.

윤나　요즘은 교과서 안에도 한 학기 한 권 읽기가 자연스럽게 녹아 있잖아요. 중학교도 그렇고 고등학교도요. 보통 한 권 읽기를 프로젝트형 수업으로 운영하시는데, 이 과정이 너무 오래 걸린다는 생각이 들었어요.

보혜 맞아요. 저도 처음 학교에 발령받고 나서 제대로 된 한 권 읽기를 할 수 있을까 싶었어요. 같이 수업을 하시던 선생님도 한 권 읽기를 진행하시긴 했지만, 실제로 수업에 적용하면 시간적 압박이 커서 약식으로 하셨어요.

승훈 충분히 공감합니다. 그런데 현재의 교육과정이나 성취기준의 흐름을 보면, 많이 읽기보다 하나를 깊이 있게 읽는 경험이 훨씬 중요해지고 있어요. 특히 '현실 참여' '비판적 읽기' '협력적 독서' 같은 키워드가 강조되고 있죠.

윤나 그래서 독서도 이제 내용뿐 아니라 '방식'이 바뀌고 있는 거군요.

승훈 그렇습니다. 저는 이걸 단순한 책 읽기가 아니라, '삶의 태도를 형성하는 교육'이라고 생각해요. 성인이 되어 사회에 나가면 그저 정보를 많이 알고 있는 사람보다 서로 다른 관점과 맥락을 통합해서 사고할 수 있는 사람이 더 중요한 역할을 하게 되잖아요?

보혜 융합적 태도나 문제 해결 능력 같은 거요?

승훈　네. 예를 들어 회사에서는 어떤 프로젝트를 기획하면 문제 상황을 이해하고, 팀 내 소통을 통해 해답을 찾아가는 능력을 가진 사람에게 맡기죠. 이 능력은 깊이 있게 읽고, 대화를 나누고, 써보는 경험을 바탕으로 형성됩니다. 한 권 읽기 수업이 그 훈련의 장이 될 수 있어요.

윤나　독서를 매개로 아이들이 읽기 능력을 넘어 사고하고 소통하고 표현하는 역량까지 키울 수 있는 거네요.

승훈　맞습니다. 그리고 이건 특히 지적 격차나 배경지식 차이가 큰 학급에서 더 중요해요. 어떤 학생은 다양한 독서 경험이 있지만, 또 어떤 학생은 책 한 권을 끝까지 읽은 적조차 없거든요. 이럴 때 '한 권을 끝까지 읽는 경험'은 삶을 바꾸는 전환점이 되기도 합니다. 읽으면서 질문을 던지고, 서로 생각을 나누고, 글로 구체화하는 경험이 성장을 견인하는 자극이 되는 거죠.

보혜　듣고 보니, 한 권 읽기 수업은 단지 국어 수업의 틀 안에만 있지 않네요. 아이들이 성인이 되어서 '어떻게 살아갈 것인가', 그 기반을 닦는 시간이네요.

승훈　정확히 보셨습니다. 그래서 교사가 그저 책을 던져주는

역할을 넘어 오독하지 않도록 방향을 제시하고, 읽는 방식을

안내하고, 아이들을 연결하는 다리 역할을 해줘야 하는 거예요. 그게

바로 지금 교사가 독서 수업을 설계할 때 고민해야 할 포인트입니다.

보혜　학교 현장에서 수업을 설계하다 보면 다들 한 권 읽기를

하고, 서평 쓰기를 하는 식으로 어떤 행위에 집중하게 되는데, 우리가

이 수업을 통해서 뭘 해야 하는지를 명확하게 인지하고 있어야 그게

수업에서 실현될 수 있겠어요.

윤나　수업의 구체적인 구성에 대해서도 궁금한데, 학생들에게

책을 몇 권 정도 제시해야 할지가 항상 고민돼요. 한 권을 통일해서

읽는 게 수업하기는 편하지만, 학생 수준이나 관심사에 따라 선택의

폭을 좀 넓혀주는 게 더 낫지 않을까 싶을 때도 있거든요. 선생님은

이 부분을 어떻게 설계하세요?

승훈　저는 책을 완전히 자유로이 고르게 하지는 않아요. 학생

선택권을 보장하되, 교사가 설계한 범위 안에서 선택할 수 있도록

보통 10~15권을 추천 목록으로 주고, 그 안에서 모둠별로 고르게

합니다. 그렇게 하면 학생들이 고르는 맛도 있고, 수준에 맞춘

다양성도 열어줄 수 있어요. 고등학생용 다섯 권, 중학생용 세 권, 대학 초년 수준의 책 다섯 권, 그리고 독서가 익숙하지 않은 친구들을 위한 쉬운 책 두 권 정도를 섞는 식이죠. 이렇게 하면 실패 확률이 확 줄어듭니다.

보혜 책을 다양하게 제시하면, 교사가 그걸 다 읽지 못했을 경우 수업이나 평가할 때 부담이 되지 않나요?

승훈 그게 많은 선생님들의 걱정이죠. 그런데 꼭 모든 책을 교사가 다 읽을 필요는 없다고 생각해요. 저는 이걸 독서 교육의 전환점이라고 보거든요. 과거에는 교사가 읽은 책을 중심으로 수업을 했지만, 지금은 읽지 않은 책을 제시하고 학생이 주도적으로 읽게 하는 방식으로 바뀌고 있어요. 정보의 양과 변화 속도가 워낙 빨라졌기 때문에 교사가 모든 걸 통제하는 방식은 이제 어렵습니다.

윤나 그렇다면 평가를 어떻게 하세요? 책을 안 읽은 상태에선 판단이 어려울 수도 있잖아요.

승훈 중요한 건 학생이 글을 통해 무슨 이야기를 하고 있는지를 읽어내는 거예요. 우리가 신문 서평이나 서점 리뷰 읽을 때, 그 책을 안 읽어도 글이 설득력 있으면 고개가 끄덕여지잖아요. 그 정도 기준이면 충분하다고 봐요. 학생이 의미 있는 독서를 했는지, 자기 언어로 풀어냈는지를 평가하는 거니까요.

윤나　그 말씀을 들으니 마음이 조금 편해지네요. 꼭 교사가 전지전능해야만 수업이 된다는 부담감이 있었거든요.

승훈　교사의 역할이 '모든 걸 아는 사람'에서 '생각을 돕는 사람'으로 바뀌고 있다고 보면 돼요. 저는 그래서 '한 손엔 고전, 한 손엔 신간'을 들고 있어야 한다고 생각해요. 고전은 제가 잘 알고 가르칠 수 있는 영역, 신간은 아이들의 세계와 연결된 영역이니까요. 둘을 적절히 섞는 게 최근 독서 교육의 방향이죠.

보혜　결국 책 선정도 수업의 방향성에 따라 달라지는 거군요. 독서를 통해 무엇을 끌어내고 싶은지를 명확히 해야 책 선정도, 활동 설계도 흔들리지 않겠어요.

승훈　그렇습니다. 서평의 깊이를 고민할 때도 마찬가지예요. 물론 읽은 책이라면 이해가 더 깊어지긴 하지만, 읽지 않은 책을 다룰 때는 질문 설계로 보완하면 됩니다. 문학작품을 읽은 경우 '등장인물 중

가장 중요한 인물은 누구인가?' '그 인물이 처한 상황은 어떠한가?'
'가장 결정적인 선택은 무엇이었는가?' 같은 질문을 던질 수 있죠.
이에 대한 답을 학생이 쓰게 하고, 피드백을 주면 글의 깊이가
달라집니다.

보혜　질문으로 사고의 방향을 제시해주는 거네요.

승훈　맞아요. 그리고 이 질문을 조금씩 변형해서 반복하면
학생이 스스로 사고를 확장하게 돼요. 예를 들어 그 인물과 비슷한
친구를 떠올려보게 하거나 자기 경험과 연결해보게 하는 겁니다.
경험이 없다면, 친구들한테 물어봐서라도 비슷한 사례를 하나
가져오게 합니다. 이런 식의 질문은 소설 읽기뿐만 아니라 에세이나
사회과학책 읽기에도 효과가 큽니다.

윤나　한 권 읽기 수업이라고 해서 단순히 책을 읽고 쓰는 데
그치면 안 되고, 질문을 설계해 생각을 확장할 수 있게 도와주는 일을
핵심에 둬야 한다는 걸 다시 느끼게 되네요.

승훈　네. 교사가 모든 걸 통제하려 하지 말고, 학생이 탐색할 수
있는 질문을 던져주는 것. 그게 요즘 독서 수업의 중심입니다.

보혜 질문 설계 이야기가 나와서 말인데요, 저희가 작년에 단편소설 세 편으로 서평 쓰기 수업을 했었어요. 그런데 결과물을 보니까 기대했던 깊이나 밀도가 잘 안 나온 거예요. 제가 뭘 놓쳤던 건가 싶더라고요.

윤나 저도 비슷한 경험 있어요. 책은 잘 골랐다고 생각했는데 애들 글을 보면 너무 감상 중심으로만 흘러가고, 텍스트 안으로 깊숙이 들어간 흔적이 없을 때가 많았어요.

승훈 그건 교사라면 누구나 한 번쯤 겪는 일이에요. 사실 책을 깊이 있게 읽는다는 건, 독자가 스스로 질문하며 내용 안으로 걸어 들어가는 거거든요.

조금 전 이야기했던 문학작품 관련 질문 세트를 〈자전거 도둑〉에 적용해보면요, 첫 번째 질문은 "이 이야기에서 가장 중요한 인물은 누구인가?"예요. 그리고 "그 인물은 어떤 상황에 놓여 있었나? 네 문장 정도로 설명해보자” 하고 묻죠. 그런 다음 “그 인물이 했던 선택 중 가장 결정적인 선택은 무엇이고, 왜 그 선택이 중요했는가?”를 묻습니다. 이게 기본 구조예요.

보혜 다른 선택을 했다면 이야기가 어떻게 바뀌었을까, 이런 식의 질문들을 주는 건가요?

승훈 맞아요. 결정적인 장면 하나만 바뀌어도 이야기 전체가 달라지거든요. 이걸 상상하게 하면, 아이들이 맥락을 읽기 시작합니다. 마지막엔 “이 인물과 비슷한 사람을 네 주변이나 영화나 드라마에서 찾아보자” 같은 질문으로 현실과 이어지게 합니다.

보혜 그럼 학생들이 그냥 ‘이상하다’고만 치부하던 인물도 다시 들여다보게 되겠네요. 저도 〈자전거 도둑〉으로 수업을 했는데, 애들이 자전거를 몰래 타고 다니는 여자 인물을 되게 이상하게 보더라고요. 감정적으로만 접근해서.

승훈 그럴 땐 애들이 느끼는 ‘이상함’에서 출발하면 됩니다. “왜 그렇게 느꼈지?” “이 인물이 왜 그런 선택을 했을까?” 하고 하나하나 뜯어보는 거죠. 그렇게 하면 애들도 점점 복잡한 감정을 감당하는 훈련을 하게 되고요.

윤나　그 질문들이 '깊이'로 가는 통로가 되어주는 거군요.

승훈　그렇죠. 사실 줄거리만 따라가면 누구나 비슷한 글을 씁니다. 하지만 선택의 의미, 인물의 심리, 맥락의 변화 가능성을 묻는 질문을 던지면 글이 전혀 달라져요. 그게 바로 '서평의 질'을 끌어올리는 힘이죠.

보혜　그래서 학생들에게 좋은 서평을 먼저 읽게 해야 하나 고민한 적이 있어요. 애들이 서평이라는 글을 아예 접해본 적이 없으니까 어떻게 써야 할지 감조차 못 잡더라고요. 학생 수준에 맞는 서평 예시를 찾는 게 쉽지 않았는데, 그러다가 선생님 블로그에 올라온 학생 서평을 활용했어요. 질문을 중심으로 서평을 구성한 글들이 있어서 그걸 보여주며 '좋은 서평이란 뭘까?'를 같이 이야기해봤죠. 통으로 한 편을 완성해야 한다는 부담을 덜어주니까 애들이 글쓰기에 훨씬 덜 겁먹더라고요.

윤나　그런 경험 정말 중요해요. 저도 서평 쓰기를 어려워하는 아이들에게 백설공주 이야기를 예로 든 적이 있어요. "바나나나

복숭아도 있는데, 왜 하필 사과였을까?" 같은 질문을 던지면서 서평은 줄거리 요약이 아니라 자기 생각을 펼치는 글이라는 걸 자연스럽게 알려주는 거죠. 그렇게 설명하면 애들이 '서평도 질문에 답하는 글이구나' 하고 감을 잡아요.

물론 엉뚱한 질문을 던지면서 글을 쓰는 친구들도 생기긴 하지만, 이렇게라도 관심을 가지고 쓰면 반은 성공 아닌가요? 문제는, 예시 글을 줘도 아예 읽지 않거나 흥미 없어 하는 애들이 있다는 거예요. 그럴 땐 '이것까지 내가 해줘야 하나?' 싶어요.

승훈　뭘 해도 잘 안 된다는 전제에서 출발해야 교사도 덜 지칩니다. 처음부터 완벽하게 되는 경우는 드물어요. 그나마 또래 학생이 쓴 서평을 몇 편 선별해서 보여주는 방식이 꽤 효과적이에요. 흉내라도 내보려 하거든요. 새 책을 소개하는 신문 서평의 방식은 피하는 게 좋아요. 책 내용만 요약하고 자기 생각은 없는 경우가 많습니다. 서평 대회를 보면 교사의 수업 스타일이 글에 그대로 드러나요. 줄거리만 있는 글은 아무리 잘 써도 감동이 없더라고요.

보혜　맞아요. 문학 분석 중심으로 수업을 하면 아이들 글이 다 비슷비슷해지고, 검색한 내용을 옮겨 적는 수준이 될 때가 많아요.

승훈　그래서 저는 철학자 윤구병 선생님의 서평에서 배운 게 많아요. 책에 대한 정보나 판단뿐 아니라 책을 읽고 떠올린 자기 경험, 책과 현실 사이의 연결 같은 걸 중심으로 서평을 풀어나가는 방식이거든요. 그걸 수업에 적용했습니다. '책과 책' '책과 현실' '책과 나', 이렇게 세 축을 기준으로 서평을 구성하게 했어요. 같은 책을 읽어도 완전히 다른 글들이 나왔죠. 수용 미학, 독자 반응 이론과도 연관이 있는 방식인데, 이렇게 가르쳤더니 학생들 글이 훨씬 다채롭고 생기 있어지더라고요.

윤나　그러고 보니, 한 권 읽기 수업에서 교사의 질문 하나가 전체 수업의 방향을 좌우하는 것 같네요.

승훈　맞습니다. 그리고 그 질문으로 아이가 자기 안의 무언가를 발견하고, 세상을 조금 더 복합적으로 이해하게 되었다면, 그 수업은 성공한 거죠.

보혜　그런데 수업을 하다 보면 학생들에게 책을 읽히는 것 자체에서 문제가 생기는 경우도 있어요. 아이들이 수업 시간에 제대로 읽으려 하지 않고, "집에서 읽을게요" 하면서 정작 줄거리만 검색해오는 경우도 많아요.

승훈　구술평가 때처럼 읽기 전에 반드시 질문지를 먼저 줘야 '수업 시간 안에서 읽기'가 됩니다. 그 책을 어떤 시각으로 읽어야 할지, 무엇을 중심으로 생각하며 읽을지 가이드가 있으면 집중하게 되거든요.

예를 들어 사회문제를 다룬 책이라면,

이 책에서 다루는 사회문제는 무엇인가?

이 문제의 원인은 무엇이며, 작가는 어떤 해결책을 제시하는가?

이 해결책에 동의하는가? 그 이유는?

이런 질문들을 미리 제시하죠.

자연과학 계열 책이라면,

핵심 이론은 무엇이고, 성립되기까지 어떤 과정을 거쳤는가?

반대되거나 이전에 있던 이론은 무엇인가?

이 연구자가 가진 태도는 어떠한가?

이런 식으로 책의 유형별 질문 세트를 갖춰놓습니다.

윤나　책 몰입 시간은 어떻게 확보하세요? 50분 수업 내내 책만 읽히는 건 쉽지 않더라고요. 20분만 넘어가도 흐트러져요.

승훈　학생들이 흐트러져도, 그냥 잠드는 학생을 깨우며 읽으면 돼요. 아니면 30분 정도 읽고 나서 5분간 독서일지를 쓰게 한

다음에, 모둠끼리 5분가량 대화하게 해도 돼요. 그다음에 시간이
남으면 잠깐 더 책을 읽고 수업을 마무리해도 좋아요.

보혜　한 권 읽기로 수업을 하다 보면 학생에게 책을 읽히고 나서
책 대화 같은 모둠 활동을 많이 하게 됩니다. 이런 상황에서도 여러
가지 문제를 만나게 되는데, 특히 모둠 활동에 협조하지 않거나 아예
방해가 되는 친구들이 꼭 있잖아요. 그럴 땐 어떻게 해야 하나요?

승훈　사실 답이 없습니다. 근본적인 해결은 어렵다고 봐야 해요.
강의식 수업에서도 딴짓하는 학생은 생기잖아요? 마찬가지예요.
그래서 목표는 '완벽한 해결'이 아니라 '문제 상황이 전체를 흔들지
않도록 조정하는 것'이에요.

윤나　그럼 모둠 구성은 어떻게 하세요? 구성 방식에 불만 갖는
학생들도 꽤 많던데요.

승훈　저는 네 가지 방법을 놓고 반마다 투표하게 합니다. 교사
임의, 학생 선택, 절충, 무작위 추첨. 투표 전엔 3분간 자유롭게
설득하는 시간도 줘요. 자기 의견도 펼쳐보고 친구들과도
얘기해보게 하는 거죠. 이 과정에 참여하면 결과에 대한 수용도가

훨씬 높아져요.

보혜 그 방식 좋네요. 설득 과정 자체가 민주적인 수업 분위기를 만드는 것 같아요.

승훈 맞아요. 이성 혼합 모둠을 원칙으로 더해도 도움이 됩니다. 따돌림을 줄이는 데 효과가 있어요. 예를 들어 남자들 사이에서 소외되는 아이가 여자 모둠에 있으면 '조용하고 괜찮은 애'가 되기도 하거든요.

윤나 만약 모둠 활동 중에 정말 아무것도 안 하려는 학생이 있을 땐요? 다른 아이들이 피해 보잖아요.

승훈 그런 경우엔 '협력도'를 채점 기준으로 넣어요. 책 대화 시간에 모든 학생이 발언했는지를 확인하는 식이죠. 녹음해서 '클로바노트' 앱으로 올리게 하면 바로 확인할 수 있어요. 그리고 이 기준이 있으면 혼자서 다 해버리던 똑똑한 친구도 자연스럽게 다른 친구를 챙기게 됩니다.

보혜 그렇군요. 모둠 활동에서 완벽을 기대하기보다는, 실패를 줄이는 구조를 갖추는 게 핵심이겠네요.

○
○ **승훈**　네. 모든 수업 방식은 일정한 실패를 감수하면서, 그 안에서
○ 얻을 수 있는 교육적 가치를 극대화하는 방향으로 설계되어야
합니다. 단점이 없는 조합은 없지만, 실패의 양을 줄이기 위한 고민은
계속 필요하죠.

'한 학기 한 권 읽기'는 책 한 권을 읽는 것이지만, 사실은
그 너머의 많은 것을 함께 읽어내야 하는 수업이었습니다. 학생의
수준과 흥미에 맞는 책 선정부터 읽고 말하고 쓰는 과정을 설계하는
일, 협력하지 않는 아이를 품고 가는 일까지. 교사가 모든 걸 아는
존재가 아니라, 같이 읽고 같이 사유하는 사람이라는 점을 떠올릴 수
있는 시간이기도 했습니다.

교무실 출입 금지! 지필평가 문제 내는 법

“독서 지필평가, 이게 맞는 걸까?” 처음 문제 출제를 맡았을 때, 누구나 한 번쯤 해보는 생각일 겁니다. 읽기 능력을 평가하려면 어떻게 내야 하는지, 변별력을 얼마나 가져야 하는지, 교과서 안에서만 출제해도 되는지, 질문은 끝이 없죠. 이런 실전적 고민을 중심으로 독서 지필평가의 핵심 원칙과 운영 방식을 함께 짚어봤습니다.

보혜　저는 이제 고등학교 2년 차인데요, 작년에 처음 지필평가 문제를 낼 때 정말 부담이 컸어요. '문제가 너무 쉬우면 어떡하지?' '문제 오류가 생기면 어쩌지?' '내가 낸 문제가 고등학교 수준에 맞을까?' 계속 고민하게 되더라고요. 지필평가 문제 출제가 익숙하지 않은 선생님들이 참고할 만한 어떤 기준이나 노하우가 있을까요?

승훈 그 마음 정말 공감돼요. 대부분의 선생님이 처음엔 그런 불안감을 갖고 시작하거든요. 그런데 너무 복잡하게 생각할 필요는 없어요. 기본은 수능 문제의 일반적인 구조를 참고하는 겁니다. 예를 들면 "윗글의 내용과 같은 것은?" "밑줄 친 문장을 가장 정확히 이해한 것은?" "밑줄 친 문장의 사례로 적절한 것은?" 이런 문제 유형을 반복해서 내는 거예요. 문제를 단순하게, 읽기 능력에 집중해서 출제하는 것이 핵심입니다.

윤나 오히려 단순하게 출제하는 게 원칙이군요. 처음엔 뭔가 있어 보이게 만들어야 할 것 같아서 괜히 어렵게 꼬게 되더라고요.

승훈 맞아요. 문제를 지나치게 복잡하게 만들수록 정작 학생들은 글을 읽기보다 함정을 피해가는 요령을 배우게 돼요. 교육적 효과는 떨어지고요. 오히려 '정답과 유사 정답의 거리'를 조절해서 변별력을 확보하는 것이 훨씬 건강한 접근이에요.

보혜 정답과 유사 정답 간의 거리 조절로 변별력을 확보해야 한다고 말씀하셨는데, 그러다 보면 미묘한 차이로 인해 정답 시비가 걸릴 것 같다는 걱정이 들더라고요. 문항 검토하다가 이런 이야기가 조금이라도 나오면 또 움츠러들고요. 그런 부분이 걱정돼서 문항을 수정하다 보면 문제가 쉬워져요. 정답과 유사 정답 간 거리를 조절하는 노하우도 있나요?

승훈 이건 교사의 감각과 안목의 문제이고, 어떤 방법으로 해결되지는 않습니다.

보혜 그럼 문제를 출제할 때 가장 조심해야 할 건 무엇인가요?

승훈 중요한 원칙이 하나 있어요. 학생이 글을 정확히 읽으면 풀 수 있는 문제여야 합니다. 그리고 배경지식이 많아야 풀 수 있는 문제는 피해야 해요.

> 독서 수업에서 평가의 핵심은 '읽기 능력'을 묻는 것이지,
> 잡다한 지식을 테스트하는 게 아니니까요.

윤나 저는 독서 지필평가를 만들 때 교과서 지문을 많이 활용하거든요. 그런데 그러면 아이들이 내용을 외우는 데 치중해 단순 암기형 학습으로 흘러가는 건 아닐까 하는 생각도 들어요. 이게 과연 독해력 향상에 도움이 될까 고민하게 돼요.

승훈　그래서 저는 교과서 지문은 전체의 3분의 2 정도만 활용하고, 나머지 3분의 1은 반드시 외부 지문을 사용하려고 해요. 교과서만으로 출제하면 학생들이 외우고 반복만 하게 되거든요. 보통 신문사의 기획 기사 시리즈 같은 걸 통으로 제시합니다. 《한국일보》《경향신문》 같은 데서 한 달 동안 연재하는 주제 기사를 찾아 링크를 올리고, 그중 일부를 지문으로 활용해요.

보혜　연재물 전체를 읽히는 건가요? 너무 양이 많아서 학생들 부담이 클 것 같은데요.

승훈　아니에요. 학생들에게는 전체 자료를 읽으라고 말하지만, 실제 시험에 출제되는 지문은 A4 한 장 분량이에요. 다양한 읽을거리 속에서 '읽기 훈련'을 시킨다는 의미라고 안내하죠. 문제도 제시한 글의 내용이나, 밑줄 친 문장에 대한 이해를 묻는 수준에서 출제하고요. 목적은 '출제'가 아니라 '읽는 경험'을 풍부하게 해주는 거니까요.

윤나　그렇게 보면 독서 지필평가의 핵심 목표는 '정확한 읽기'라고 할 수 있겠네요.

승훈 맞아요. 저는 평가 목표를 '정확한 문장 해석' '문단 간 논리적 연결 파악' '적절한 사례 도출' 등으로 명확히 세워둡니다. 그리고 난이도는 지문 자체보다 보기 선택지의 유사성으로 조절합니다.

보혜 말씀을 들으니 문제를 단순화하고 지문을 잘 고르면 출제 부담이 확 줄어들 것 같아요. 지문은 사전에 공개해야 할까요?

승훈 당연하죠. 알려주지 않은 지문을 갑자기 시험에 내는 건 좋지 않아요. 학생들에게 읽고 공부할 기회를 주는 게 교육입니다. 실력만 테스트하는 건 교육적 의미가 약해요.

윤나 결국 지필평가도 아이들이 읽고 생각하는 힘을 기르는 과정이어야 한다는 거네요.

승훈 정확히 보셨어요. 사실 독서 지필평가는 요란할 필요가 없어요. 수업의 연장선상에서, 아이들이 읽고 이해한 걸 확인하는 정도면 충분합니다.

보혜 오늘 이야기 듣고 나니까, 평가도 수업의 일부로 자연스럽게 녹여야겠다는 생각이 들어요.

승훈   맞습니다. 평가가 수업을 보완하고, 수업이 평가를 준비하는 구조. 이게 제일 바람직한 흐름이에요. 그래야 아이들도 평가에 덜 위축됩니다.

평가는 수업에서 던진 질문에 대한 학생의 답변을 확인하는 과정입니다. 독서 지필평가도 마찬가지입니다. 읽고 생각하고 연결하는 힘을 평가하는 데 집중해야 합니다. 문제는 복잡하지 않아도 됩니다. 교사는 텍스트와 학생 사이를 이어주는 조율자이자 설계자로서, 읽는 경험이 수업과 평가 속에 자연스럽게 흐르도록 만들어야 합니다. 좋은 평가란, 좋은 수업의 또 다른 이름일지도 모릅니다.

'난 꽝이야!' 하고 인정할 때

책과 사람 사이를 잇는 독서 수업은 교사의 질문과 판단 위에 세워집니다. 이 장에서는 '어떤 사람이 독서를 잘 가르칠 수 있는가'라는 화두에서 출발해, 독서 교사로서 갖춰야 할 태도와 감각, 그리고 성장하는 방법을 함께 이야기해봤습니다.

보혜　독서 수업을 하다 보면 늘 느끼는 건데요, 대체 어떤 사람이 되어야 독서를 잘 가르칠 수 있는 걸까요? 독서 교사로서 꼭 갖춰야 할 자질이나 능력이 무엇인지 궁금합니다.

승훈　가장 먼저 필요한 건 "난 꽝이야!"라고 할 수 있는 태도입니다. 자기 수준을 과대평가하지 않고, 부족함을 인정하며 끊임없이 채우려는 자세가 중요해요.

윤나　구체적으로 자기 수준을 점검해보는 방법이 있을까요?

승훈　간단한 방법이 있어요. '각 영역에서 수업을 정말 잘하는 선생님이 누구인가'를 떠올리고, 그들의 수업 스타일과 강점을 세세하게 설명할 수 있는지를 자문해보는 겁니다. 저는 예전에 학교 안에서 나름 우쭐했는데, 전국국어교사모임 연수에 처음 갔을 때 충격을 받았어요. 연차 불문하고 열심히 공부하는 선생님들을 보면서 '아, 나는 아직 한참 멀었구나'를 절감했죠.

보혜　겸손하게 배우려는 자세가 기본이네요. 그러면 독서 교사에게 필요한 능력을 기르기 위해 뭘 해야 할까요?

승훈　두 가지입니다. 하나는 사회 활동을 통한 자기 계발, 하나는 개인적인 공부. 책 모임을 꾸준히 하면 학생들이 어떤 책을 재미있어 할지 감이 생겨요. 다른 선생님들의 수업 피드백을 들으면서 내 수업을 객관화할 수도 있고요.

윤나　책 모임은 아이디어나 감각을 키우는 데 도움이 되겠네요.

보혜　혹시 추천할 만한 책이나 자료가 있을까요?

승훈 네,《사회과 구술평가 어떻게 할까》(강영아 외)《함께
읽기 좋은 날》(이민수)《소설 읽기 수업》(최인영 외)《한 학기 한 권
읽기》(임영환 외)는 독서 수업 설계에 정말 많은 도움이 됩니다.
블로그나 수업 사례집도 꼭 찾아보세요.

윤나 학생 맞춤형 책 추천 능력도 정말 중요할 것 같아요.

승훈 그렇습니다. 독서 교육의 성패는 70퍼센트가 '어떤 책을
권했는가'에 달려 있어요. 제가 처음 교사가 되었을 때, 고전이나
명저를 잔뜩 권했다가 완전히 실패한 경험이 있어요. 상위권 학생
20퍼센트 정도는 잘 읽지만, 나머지 80퍼센트는 좌절하거나 아예
책을 멀리하게 됩니다. 운동도 초심자에게 너무 어려운 동작을
시키면 부상당하잖아요. 독서도 똑같아요.

보혜 정말 공감돼요. 초심자의 수준을 고려하는 게 중요하겠네요.

승훈 그리고 또 하나, 재미없는 걸 감지하는 능력이 필요합니다.

윤나 재미없는 걸 감지하는 능력이요?

승훈　네, 강의가 지루할 때 몸이 반응하는 걸 민감하게 느껴야 해요. 그걸 느끼지 못하면, 학생들이 지루해하는 것도 감지하지 못하죠.

교사 자신이 수업하는 게 재미없는데 의지로 버티고 있으면, 학생을 보고도 '재미없어도 버텨야지' 하고 잘못 생각하게 돼요.

보혜　교사 스스로도 감각을 열어두는 연습을 해야겠네요.

윤나　그런데 교사들은 대부분 근성이 강해서 연약함을 기르는 게 쉽지 않을 듯해요. 그런 연약함을 키우려면 어떻게 해야 할까요?

승훈　좋은 질문이에요. 저는 불교 관련 책을 추천합니다. 남방 불교에서는 '사띠sati', 즉 알아차림을 강조해요. 내가 실패하고 있다는 걸 투명하게 알아차리는 게 핵심이에요.

보혜　실패를 인정하는 게 쉽진 않겠어요.

승훈　그렇죠. 특히 공부 못하는 학교에 가면 괜히 어깨에 힘이 들어가고, 추천 도서 목록도 괜히 고급스럽게 꾸미려는 경향이 있어요. 사실은 '나도 불안하다'는 무의식이 작용한 결과죠. 이걸 인정해야 악순환을 끊을 수 있어요.

윤나　자신을 바라보는 훈련이 필요하군요.

승훈　맞아요. 낯선 동료들과 대화하는 시간도 꼭 있어야 합니다.
다른 학교 선생님들과 저녁을 먹으며 이야기하다 보면, 겉으로는
멀쩡해보이는 사람들도 다들 크고 작은 실패를 겪고 있다는 걸 알게
돼요. 그걸 보는 순간, 나의 실패도 자연스럽게 인정하게 됩니다.

보혜　독서 교사에게 필요한 건 실력을 쌓는 것뿐만 아니라, 실패를
인정하고 다시 시작할 수 있는 용기네요.

승훈　정확합니다. 독서 교육은 학생만 성장시키는 게 아니에요.
교사 자신도 계속 고민하고 넘어지면서 성장하는 여정입니다.

책을 추천하는 감각, 수업의 맥을 잡는 직관, 실패를 감지하는
민감함은 하루아침에 갖춰지지 않습니다. 자기 자신을 돌아보고,
낯선 대화에 귀 기울이며, 꾸준히 읽고, 다시 가르치는 과정 속에서
길러지죠. 함께 흔들리고 함께 자라나는 이 길 위에, 우리 모두 서
있습니다.

책 속에
길이

있다지만,

가는 길이 험난하다면

독서 수업은 기세야

구구절절은 이제 그만

책 속에 길이 있다지만,
가는 길이 험난하다면

"일주일에 한 번은 한 학기 한 권 읽기를 합니다."

"아아!"

아이들이 동시다발적으로 소리를 지르자 교실이 금세 소란스러워졌습니다.

"음, 뭐 읽지? 너는 뭐 읽을 거야?"

"선생님, 이거 수행평가 몇 점인가요?"

"으, 독서? 벌써 졸려."

차라리 수업보다 낫다며 반기기도 하고, 책 자체를 싫어하는 학생은 탄식하며 책상에 냅다 엎드려버렸습니다. 책 읽기를 좋아하는 학생은 신이 나서 무슨 책을 읽을지 고민하고, 성적에 예민한 학생은 수행평가 몇 점짜리냐고 다급하게 물어옵니다. 수업 시간에는 수업만 하는 게 좋다며 책 읽는 것이 시간 아깝다는 볼멘소리도 들리고, 이렇게라도 읽지 않으면 자신은 읽지 않는다며 이런 시간이 필요하다고 앞선 볼멘소리에 대꾸하는 목소리도 들립니다.

짧은 몇 초 사이 수십 가지 표정이 수십 명의 얼굴 위를 지나갔습니다. 제각기 다른 반응이라 어느 학생에게 초점을 맞춰 독서 수업의 분위기를 주도해야 할지 고민되었습니다. 아무래도 책 읽기를 싫어하고 독서의 중요성을 모르는 아이들을 중점에 두고 설명하는 게 좋을 것 같았습니다. 대학 입시에 열성적인 동네 분위기도 감안해서 책을 꼭 읽어야 한다고 엄포를 놓았습니다.

"책 안 읽으면 나중에 수능 국어 점수 안 나옵니다. 국어 점수는 그동안 책 읽은 값에 이자 쳐서 받는 거야."

반쯤은 협박처럼 으름장을 놓았더니 수능이라는 말에 아이들이 괜스레 긴장했습니다. 약간 미안해져서 책 읽기 싫어하는 마음을 알아주는 말도 덧붙였습니다.

"책 읽기 힘든 건 원래 인간의 뇌가 독서에 익숙하지 않아서 그래. 고등정신능력을 발휘해야 하거든. 인류 역사에서 책을 읽기 시작한 건 그리 오래되지 않았고 종이와 인쇄가 발전하기 전엔 특정 집단이 독점했어. 양반, 귀족들만 책 읽었잖아. 귀족의 삶을 산다고 생각하렴."

나름대로 독서의 어려움에 공감해주려고 했지만 아이들은 그게 무슨 말이냐며, 여전히 교사를 향해 타박과 원성을 보냈습니다. '특정 계층이 독점한 권력 유지 장치가 계층 전체로 확장된 현재에 감사하게 생각하라'는 말은 아이들에게 전혀 가닿지 못했습니다. 그도 그럴 것이, 이미 손에 쥐여진 권리와 혜택의 소중함은 뺏겼을 때 아는 법이니까요.

"아무튼 다음 시간부터 책 읽을 거야."

"아아!"

아이들의 비명을 뒤로하고 '이게 맞나?' 싶은 마음으로 교실을 냉큼 나왔습니다.

그래도 중학교에서는 책 읽기에 호의적이고 아직은 독서가 재미있다고 생각하는 학생들이 보이지만, 고등학교에 와보니 아이들의 반응이 매우 민숭민숭합니다. 중학생 때 겪어봐서 그런지 아무 반응이 없습니다. 대부분 하기 싫다, 좋다, 이런 내색도 딱히 없고 그냥 '또 하는구나'라는 표정이었습니다. 다른 국어 선생님들은 '고등학생이라 알아서 책을 잘 가져오니 교사가 별도로 책을 추천해줄 필요도 없다'고 하셨습니다.

역시 이미 다 해봐서 잘하겠구나, 다들 그러려니 하는 반응이니 괜찮겠지, 하고 아무 생각 없이 학생들에게 읽고 싶은 책을 미리 준비해오라고 안내한 뒤 수업에 들어갔습니다. 그랬더니 책 안 가져온 학생이 반마다 서너 명 나오고, 책을 읽는 시늉만 하며 멍하니 앉아 있는 학생도 있었습니다. 20분이 지나자 25명 중 7~8명이 졸거나 편하게 잠들어버렸습니다. 중학생보다 고등학생들이 상대적으로 저항 없이 졸음에 굴복합니다. 늦게까지 공부하느라 아무래도 피곤한 듯합니다.

어떤 학생은 책 읽는 사이사이 학원 숙제를 하기도 합니다. 책보다 급하고 관심 가는 일을 먼저 하고 싶은 마음은 이해하지만, 그래도 독서 수업을 운영해야 하는 상황에서 이 아이들과 수업 분위기를 어떻게 만들어가면 좋을지 고민이 됩니다.

독서 수업을 싫어하고, 책을 읽다가 엎어지기도 하고, 때로는 독서의 필요성에 대해 의문을 제기하며 독서 수업을 방해하는 학생들에 대비한 해결책들이 있습니다.

당당함으로 분위기 휘어잡기

구구절절 설명하지 않고, 당연한 것처럼 이야기를 하면 좋습니다. 책 읽는 분위기, 집중하는 분위기를 잡는 겁니다. 교사의 비언어적 표현으로 보여주는 카리스마, 담백한 표정이 열 마디 말보다 확실합니다.

재치 있게 과목의
효용성 알려주기

학생에게는 때때로 이 과목이 왜 필요한지 재치 있게 설명해
줘야 합니다. 한번 책 읽는 의미를 이해했어도 그 기억이 오래
가지 않기에 한 달에 한두 번씩 주기적으로 반복합니다.

독서와 관련된 경험담을 들려줘도 좋습니다. 예를 들면 '선
생님이 고등학생 때 인문, 사회, 과학책을 꾸준히 읽었습니다.
대입에 도움이 되는지는 모르고 사는 게 답답해서 책을 읽었
는데, 나중에 대학 가서 공부하다 보니 고등학생 때 일주일에
두 번 읽은 게 입시에 도움이 많이 되었다는 것을 알게 되었습
니다'라는 식으로 교사가 진정성 있게 의미 있는 독서 경험을
이야기해주면 좋습니다.

실제로 송승훈 선생님의 동생은 공부한 것에 비해서 성적
이 잘 나왔다고 합니다. 본인도 그렇게 생각하고 주변이 봐도
그렇게 보였다고 합니다. 왜 그럴까 생각해봤을 때, 답은 독서
였습니다. 어릴 때 집에 책이 있으니 궁금한 게 있으면 책장에
서 책을 찾아 읽었고, 고3 때까지 책을 읽었다고 합니다. 그리
고 이런 독서가 입시 공부할 때 공부한 것보다 더 큰 성적을
얻게 해줬다고 합니다. 당시 그 동생은 학업에 뜻이 없어서 수
능도 보지 않았습니다. 나중에 재수를 했는데, 그때도 5개월

을 홍대 가서 음악비평가들과 어울리며 자유롭게 살다가 6월부터 공부를 시작했습니다. 그런데도 수능 점수가 멀쩡하게 나왔습니다. 이 또한 책 읽기를 많이 해둔 덕분이었고, 지금은 좋은 곳에 취직해 아주 잘 살고 있다고 합니다.

어릴 적부터 책을 읽어놓으니, 같은 시간 공부해도 연관된 정보를 많이 가지고 있어서 배운 내용을 덜 까먹고 이해가 조금 더 빠르고 풍부하게 되어 그런 결과가 나온 듯합니다. 배경지식이 많으면 분명 공부하는 데 도움이 됩니다. 기억력, 문해력, 학습 효과에 대한 연구를 봐도 배경지식이 중요하다고 나오죠.

아마 누구나 살면서 책 좋아하는 친구를 한 번쯤 만났을 것입니다. 그 친구들이 이후 어떻게 살게 되었는지 말해주는 것도 좋겠습니다. 그럼에도 책 읽기를 싫어하는 학생들이 있다면….

모둠을 만들어 서로서로 챙기게 하기

책 읽기는 고독한 일입니다. 혼자 읽기를 싫어하고 힘들어한다면, 친구들과 함께 읽을 수 있도록 환경을 마련해주는 것도 방법입니다. 네다섯 명 정도 모둠을 꾸려놓으면 한 열에서 일곱 정도는 그 안에서 흐름을 타는 경향이 있습니다. 학생들을 뿔뿔이 흩어놓게 되면 28명의 학생들을 개별적으로 상대해야 하기 때문에 교사의 역량을 초과하게 되고, 이에 정신적 어려움이 따를 수 있습니다.

하지만 모둠으로 구성하면 참여하지 않는 학생 중 일부가 모둠 활동에 함께할 수 있습니다. 모둠 내에서도 참여하지 않는 학생을 독려하는 학생이 있기 때문입니다. 학생들끼리 서로 격려하게 되면, 참여하지 않는 학생들의 절반에서 70퍼센트 정도가 참여하게 됩니다.

결과적으로 남은 30퍼센트 정도만 교사가 상대하게 되므로 수업 운영이 나아집니다. 그 30퍼센트의 학생들도 참여 의지에 차이가 있는데요. 전혀 참여하지 않는 학생은 원하는 대로 두기도 하고, 약간 밀고 당기기를 하거나 설득도 하며 참여를 독려하면 됩니다.

이때 유의해야 할 점이 있습니다. 모든 학생을 다 이끌 수 있다면 좋겠지만, '모든 학생을 다 이끌지 못할 수도 있겠구나' 하고 목표를 유연하게 설정하는 것이 필요합니다. 그렇게 했을 때 오히려 역설적으로 조금 더 많은 학생을 이끌 수 있었습니다.

전체를 장악하려는 시도는 좋으나 그것을 실현하려다 수업의 균형이 무너질 수도 있습니다. 따라서 '내가 잘 가르치면 되겠지만, 학생의 어려움이 깊어 나의 가르침을 받아들이지 못하는 경우가 있을 수도 있겠구나. 그렇다면 교사로서의 도리를 다하고, 그럼에도 불구하고 이끌기 어렵다면 그것을 받아들일 수밖에 없다'고 다소 편안하게 생각하셔도 괜찮습니다.

'내돈내산', 모둠별로
책 구매 권하기

독서 수업 첫 시간에는 해당 학기에 진행할 활동을 안내하며 모둠을 구성하고, 책을 정한 뒤 스마트폰으로 주문까지 마치게 합니다. 마냥 쉬운 일은 아니지만, 학생들은 새 학기가 시작되면 무언가 잘하고 싶은 마음을 2주 동안 지니고 있습니다. 그러므로 초반 2주 사이에 어려운 일을 처리해야 합니다. 그 이후에는 학교에서 크고 작은 비용이 발생해 학생들이 부담스러워하거나 짜증을 낼 수 있습니다. 학교가 전열을 정비하기 전에 교사가 먼저 비용을 지출하게 하고 책 목록과 모둠을 꾸려서 독서 수업이 원활히 진행되도록 주도하는 것이 매우 중요한 기술입니다. 학생들의 반응에 위축되면 교사도 사실 속으로 어색해하고 있는 첫 수업의 빈틈이 드러나게 되고 수업의 주도권을 빼앗기게 됩니다.

첫 시간에 모둠 토론을 진행하기도 하는데, 그 이유는 이 과목이 학생들의 인생 또는 자기 성장에 도움이 되거나 흥미롭다는 느낌을 주기 위함입니다. 그러려면 교사의 책(독서)에 대한 철학이 필요합니다.

학생을 매혹시키는
책 건네기

위와 더불어 책 읽기를 싫어하는 학생들에게 매혹적인 책을 추천하는 것도 방법입니다. "이 책 생각보다 괜찮다. 너한테 딱 어울려"라며 다른 설명 없이 약간 자극적인 내용이 포함된 책을 주는 겁니다. 책에 대해 길게 설명하면 학생은 교사가 자신에게 무언가 의도를 갖고 제안하는 것 같다고 의심하기 때문입니다. 김동식의 《백 명 버튼》, 서미애·송시우·정해연·홍선주·이은영의 《파괴자들의 밤》 등이 있는데, 이 학생들은 분명 반응을 보일 것입니다. 물론 한 학기 내내 열심히 읽는 건 아니고 이따금 중간에 어려움을 겪을 수도 있지만 이런 자극적인 책을 주면 최소 20분은 읽습니다.

오해가 있을까 해서 덧붙이자면, 무턱대고 저질스럽고 도 발적인 책을 학생에게 주라는 의미는 절대 아닙니다. 세상에 있는 훌륭한 책 중에 다소 자극적인 내용이 포함된 책을 주는 것입니다.

책 읽으면
잠이 오기 마련

학생들이 책을 읽다가 잠드는 건 매우 당연하고 자연스러운 일입니다. 책 읽기가 재미없다고 느끼는 학생들과 잠을 자지 못해 피곤한 고등학생들에게는 더욱 그러합니다.

이 경우 교사는 돌아다니며 독서의 모범을 보여야 합니다. 독서 교육 개론서에서도 쉽게 찾아볼 수 있는 방법입니다. 책 을 읽으며 교실을 천천히 어슬렁어슬렁 걸어 다니는 겁니다. 그러지 않으면 독서 수업이 실패할 수 있습니다.

교사가 한곳에만 앉아서 혹은 가만히 서서 책을 읽으면 학 생들은 교사를 신경 쓰지 않습니다. 졸리면 걱정 없이 자고, 학원 숙제도 살짝 하고, 멍도 때릴 것입니다. 책을 읽으며 걸 어 다니는 틈틈이 자는 학생도 슬쩍 깨워보고, 집중하지 못하는 학생 근처에 서서 책을 읽으면 학생들은 다시 독서에 집중하게 됩니다. 큰소리를 낼 필요도 없고, 잔소리할 필요도 없습니다. 그저 바로 앞에서 한동안 묵묵히 책을 읽으면 슬그머니 책을 붙잡을 것입니다.

책 고르기 독립 선언

학생 스스로 책 선택하는 법

책 속에 길이 있다지만,
가는 길이 험난하다면

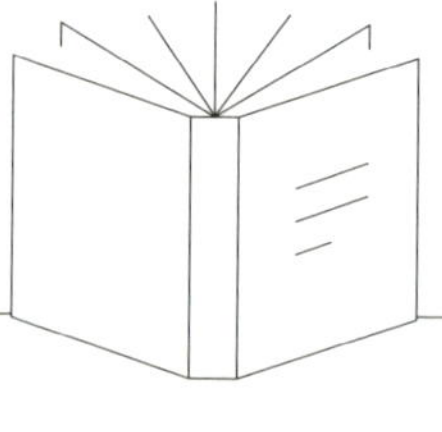

《자본론》. 학생 책상 위에 이 책이 놓여 있었을 때, 조금 의아했습니다. 대학교 강의실도 아니고 중학교 교실에서《자본론》이라니. 도서관 바코드 스티커도 붙어 있지 않은 책이었습니다. 한 학기 한 권 읽기 시간에 읽을 책을 자유롭게 가져오라고 했더니 호기롭게《자본론》을 들고 온 학생은 아버지 서재에서 책을 빌렸다며 자랑스럽게 말했습니다. 과연 책을 읽어낼 수 있을까 걱정이 되었지만, 친구들 앞에서 그 책을 펼쳐 읽는 자신에게 취한 학생에게 뭐라고 말하면 좋을지 잘 떠오르지 않았습니다. 학생에게 선택권을 주기도 했고, 어려운 책을 읽어서 멋지게 보이고 싶은 마음도 이해가 되어 그대로 수업을 진행했습니다.

우려했던 것과 같이, 그 학생은 곧 아이스크림처럼 녹기 시작했습니다. 고개가 점점 떨어지더니 결국 몸과 책상이 붙어 버렸고 두꺼운 《자본론》을 베개 삼아 곯아떨어졌습니다. 《자본론》의 1장만 까맣게 손때가 탔고, 책상 서랍에 《자본론》이 들어가 있어서 다른 교과서는 잘 넣지도 못했습니다. 반 친구들도 이 학생이 《자본론》을 읽지 못한다는 걸 눈치챘고, 왜 저렇게 못 읽는 책을 붙들고 있는지 모르겠다며 이야기하기도 했습니다. 이 학생이 《자본론》과 이별한 것은 방학이 되어 책상을 정리할 때였습니다.

처음 그 책을 잡았을 때 뭐라고 말해줬다면, 이 학생의 한 학기가 달라질 수 있었을지 고민하며 그해를 보냈습니다.

다음 해 독서 수업을 할 때는 교사의 개입이 어느 정도 필요하다는 생각이 들어 다양한 수준의 책을 여러 권 골랐습니다. 제각기 다른 두께와 장르, 흥미로워보이는 제목과 빳빳한 신간을 골고루 넣었습니다. 그리고 홈쇼핑 호스트처럼 학생들에게 어떤 책이 있는지 하나하나 설명도 했습니다. 그런데 또 다른 문제에 봉착하고 말았어요.

누가 봐도 책 읽기에 큰 관심이 없어 보이는 학생이 터벅터벅 걸어와 가장 얇은 책을 골랐습니다. 철학책이었습니다. 두께만 아주 얇을 뿐, 사실 내용은 꽤 어려웠는데 학생은 표지와 두께만 살짝 보더니 그 책을 쏙 골라갔습니다. 글씨도 작고 문장도 복잡해서 과연 읽을 수 있을까 싶었지만, 교실에서 공개적으로 '너는 그 책을 읽을 수 없으니 다른 책을 고르라'고 말할 수 없었습니다.

철학책을 고른 학생은 수업이 시작되고 책을 읽다가 곧 표정이 진지해지더니 책을 덮었습니다. 책 읽는 친구들 사이를 조용히 나와 조금 두껍지만 만만해보이는 소설책으로 바꿔갔습니다.

독서 수업을 하면서 학생의 책 선택권을 존중하기 위해 노력하지만, 학생들이 자신의 수준에 맞는 책을 고르게 하는 것은 쉽지 않았습니다. 무조건 쉬워보이는 책을 고르는 학생, 이미 읽었던 책을 골라 독서 후에 있을 수행평가에 대비하려는 학생, 익숙한 장르의 책만 고르는 학생, 무척 어려운 책을 고르는 학생, 소설을 읽는 것은 시간 낭비라고 생각하는 학생 등 각자의 독서 경험, 가치관에 따라 고르는 책이 천차만별입니다.

학생들에게 책을 제시할 때 교사가 어떻게 이야기하면 좋을까요? 책을 고를 때 무엇을 고려하라고 설명해야 할까요? 그 설명이 학생들에게 가닿게 하려면 어떤 방식으로 수업해야 할까요?

학생들에게 책 선택을 온전히 맡기는 게 과연 좋을까요? 자율성이란 학생이 공부에 성공했을 때 의미가 있습니다. 결과의 성공이 자율성의 근거이기 때문입니다. 수업의 의미가 없으면, 그 자율성을 가져와야 합니다.

폭삭 망하지 않는 책 소개

책을 한 권씩 들면서 내용을 하나하나 알려주는 방식은 수업의 효과를 떨어뜨릴 수 있습니다. 학생들에게 그 내용이 잘 전달되지 않을 수 있으며, 열 권이 넘어가면 학생들은 교사의 설명에 피로감을 느낄 수 있습니다. 교사가 추천한 책의 내용이 때로는 학생의 기대와 달라 학생들이 책에 실망하는 경우도 있습니다.

수업의 효과를 높이려면 책 선정에서부터 학생들이 성공적인 경험을 할 수 있도록, 성공 가능성이 높은 책 목록에서 고르게 해야 합니다. 이때 책 목록은 지난 학기나 지난 학년에 읽지 않은 책으로 구성해야 하며, 개별적으로 읽었던 책은 목록에 표시해서 제외시켜야 합니다. 책 목록과 더불어 목록에 있는 책들을 실물로 보여주는 것도 좋은 방법입니다.

목록에는 제목과 간단한 내용 한 줄이 적혀 있으면 됩니다. 4인 정도로 모둠을 만들고 학생들이 스마트폰이나 태블릿 같은 디지털 기기로 책 내용을 직접 찾아보면서 책을 선택하게 하면 좋습니다. 학생이 여러 책을 살펴보며 그중에서 읽고 싶은 책을 고르는 과정 자체가 배움이 됩니다. 자기가 정한 책에 애착도 생기고요.

모둠에서 어느 한 사람이 모둠원 전체의 책을 한 번에 구매하게 하면 편합니다. 개인별로 책을 준비하게 하면, 준비를 빼먹은 학생을 챙기다가 교사가 지칠 수 있습니다. 학생이 준비해온 책에는 책등에 '2026 봄'과 같이 연도와 계절을 쓰게 합니다. 책을 다음에 다시 사용하는 것을 예방할 수 있습니다.

교사의 책 추천 기준 체크! 체크!

책을 추천하려면 교사가 일정한 기준을 가지고 책을 골라야 합니다. 많은 선생님이 보통 '물꼬방 추천 도서 목록'을 활용하지만 사회적으로 통용되는 기준도 있습니다.

먼저, 작가가 해당 분야에서 인정받지 못하면 그 책은 신뢰하기 어렵기 때문에 지은이의 인지도와 신뢰도를 파악해야 합니다. 요즘은 다양한 사람들이 책을 쉽게 출판할 수 있으니 작가의 능력과 사회적 평가가 중요한 도서 선정 기준이 되어야 합니다.

학생들의 수준에 적합한지도 주요한 고려 대상이 되어야 합니다. 물꼬방 추천 도서 목록에는 추천하는 학년이 나와 있으므로 이와 같은 요소를 참고하는 것도 좋은 방법입니다. 혹은 15분 정도 학생들이 책을 훑어보게 하면서 반응을 살피면 학생의 수준과 책이 잘 맞는지 판단할 수 있습니다.

교실 여건과 학생의 상황 등에 따라 선택해야 하는 책도 있습니다. 안수찬·임인택·임지선·전종휘의 《4천원 인생》, 조문영의 《빈곤 과정》처럼 처참한 현실을 충격적으로 드러내면서 문제를 해결하는 방법을 제시하지 않은 책의 경우 성적이 최하위권인 학생에게는 절망만을 줄 수 있어서 적합하지 않습니다. 최하위권 학생에게는 그러지 않아도 자신이 낮은 사회적 지위에 놓일 거라는 두려움이 있는데 그것을 책에서 아주 극적으로 확인하기 때문입니다. 이 책의 지은이들은 자본주의 경쟁 사회의 냉혹함을 고발하려는 의도로 글을 썼지만, 최하위권 학생들에게는 자기가 감당할 수 있는 범위를 넘어서는 사회 모순이기에 그 책 읽기가 비인간적인 사회에 대한 문제의식으로 이어지지 않을 수 있습니다. 교사의 독서 경험이나 다른 교사와의 대화로 다양한 책을 접하고, 학생의 상황에 맞는 책을 권해야 합니다.

그래, 네 선택은 존중해. 하지만!

어려운 책을 골랐다면 학생 수준에 맞는 다른 책을 추천해주고, 고른 책이 만만치 않다고 설명해야 합니다. 그래도 그 책을 고르면, 그냥 두는 것이 좋습니다. 혹은 너무 쉬운 책을 고르기도 합니다. 공부 잘하는 학생 중 일부는 겸손하게 묻어가거나 수행평가를 대비하기 위해 쉬운 책을 고릅니다. 때로는 너무 얇은 책을 고르기도 합니다. 그러면 조용히 따로 불러서 바꾸게 해도 됩니다. 만약 학생이 그 책을 고집하면 괜히 입씨름하지 말고 학생 스스로 느끼도록 두는 것이 낫습니다.

그래도 교사가 손 놓고 있을 수는 없으니, 이럴 때 모둠을 활용하면 좋습니다. 모둠 공동의 책 한 권, 개인 책 한 권을 고르게 하는 것입니다. 개인 책을 쉬운 책으로 고르면 모둠 책으로 조금 어려운 책을 고르게 하고, 개인이 어려운 책을 고르면 모둠 책으로 쉬운 책을 고르도록 유도합니다.

그런데 한 모둠 안에 개인 책으로 쉬운 책을 고른 학생과 어려운 책을 고른 학생이 골고루 있을 수도 있습니다. 그러면 모둠 책으로 쉬운 책을 해야 할지, 적당히 어려운 책을 해야 할지 곤란해집니다. 교사는 이를 대비해 너무 어렵거나 너무 쉽지 않은 수준의 책 목록을 준비하고, 여기서만 모둠 책을 고를 수 있도록 해야 합니다. 학생들이 균형 잡힌 도서 선정을 할 수 있게 만드는 방법이죠. 교사가 학생들의 수준과 관심사 등을 이해하고 있어야 가능한 영역이기도 합니다.

도서관 독서 수업: 주제 던지고 책 물어오게 하기

도서관에는 책이 정말 많습니다. 수준, 장르, 분야가 무척 다양하기 때문에 도서관에서 책을 고르는 활동을 한다면 그날 역사, 과학, 예술, 교육, 인권처럼 특정 분야나 주제를 제시해줘야 합니다. 15분 동안 그 안에서 눈에 띄는 책 두세 권을 골라와서 읽게 하면 됩니다.

이 수업과 수행평가를 연계할 경우, 다음 차시에 종이를 가져가서 자신이 고른 책을 읽으며 새롭게 알게 된 내용을 빽빽하게만 채우게 합니다. 그러면 수행평가 하나가 완성됩니다. 다음 시간에는 다른 주제로 앞의 활동을 반복합니다. 반별로 주제를 다르게 하면 학생들이 책을 빌려가도 수행평가에 지장이 없습니다.

학생들에게 앞에서부터 읽지 말고 목차를 보고 읽고 싶은 부분만 읽으라고 지도하는 것이 좋습니다. 느낌 있거나 원하는 부분만 골라서 읽다 보면 아이들은 한 시간 동안 보통 30쪽

정도 읽을 수 있습니다. 이 과정에서 학생들은 자신도 몰랐던 책 취향을 찾을 수 있을 것입니다.

덧붙여 흔히 도서관에서 책을 고를 때 '북매치 전략'을 사용해볼 것을 권하는데, 이 전략은 네 시간 정도 시간을 주고 한 권을 진득하게 읽을 때 사용하는 것이 좋습니다.

책장 넘기기 vs. 화면 넘기기

종이책과 전자책의 장단점

서평 수업은 늘 책을 준비하는 일에서 출발합니다. 어떤 책을 함께 읽을지 정하고, 학생들에게 도서관이나 서점에서 책을 구해오라고 안내합니다. 고등학교 2학년 독서 시간에 비문학 도서를 중심으로 한 학기 한 권 읽기 수업을 했을 때도 마찬가지였습니다. 책 선정이 끝나고, 학생들에게 책 준비 기간을 공지하자 몇몇 학생이 손을 들었습니다.

"선생님, 전자책으로 읽어도 되나요?"

"그래도 된다"라고 답했지만, 속으로는 약간 망설이기도 했습니다. '그래도 종이책이 낫지 않을까?'라는 생각이 쉽게 지워지지 않았거든요. 수업이라는 맥락 안에서 책을 어떻게 다뤄야 할지, 종이책과 전자책 사이에서 무엇을 기준 삼아야 할지 고민스러웠던 순간이었습니다.

비슷한 상황은 한 학기 한 권 읽기 수업뿐만 아니라 교과서를 활용한 일상 수업에서도 이어졌습니다. 수업 중 교실을 둘러보면, 종이 교과서 없이 태블릿 PC만 책상 위에 올려둔 학생들이 종종 보입니다. 이유를 물으면 "교과서가 무거워서요" 또는 "오늘 교과서를 깜빡했어요"라는 답이 돌아옵니다. 심지어 종이로 나눠준 학습지를 사진으로 찍고, 태블릿 화면으로 확대해 읽고 필기하는 모습도 낯설지 않습니다. 그 모습을 바라보며 '이런 방식의 읽기와 학습이 과연 학생들의 독서 능력 향상에 도움이 될까?'라는 의문이 들었습니다. 매체의 편의성과 학습 효과 사이에서 어떤 균형점을 찾아야 할지 본격적으로 생각해보기 시작한 계기였습니다.

디지털 책은 접근성과 기능성 측면에서 뛰어납니다. 전자책은 인터넷만 연결되어 있다면 언제 어디서든 즉시 다운로드해 읽을 수 있으며, 하나의 기기에 수십 권에서 수백 권의 책을 담을 수 있어 공간의 제약 없이 활용할 수 있습니다. 또한 검색 기능, 하이라이트, 메모, 북마크 등 다양한 읽기 지원 기능으로 학습자들이 중요한 정보를 쉽게 찾고 정리할 수 있도록 도와줍니다. 무엇보다 태블릿이나 스마트폰 같은 디지털 기기를 자주 사용하는 요즘 학생들에게 전자책은 친숙하고 자연스러운 매체입니다. 책에 대한 진입장벽을 낮추는 역할을 하며, 독서에 익숙하지 않거나 흥미가 적은 학생들에게는 읽기의 동기를 유발하는 도구가 될 수 있습니다.

전자책의 효용은 연구로도 입증된 바 있습니다. 마골린 등에 따르면 디지털 책은 탐색 중심의 과제를 수행하거나 정보를 빠르게 파악해야 할 때 효과적이며, 특히 제한된 시간 내에 특정 정보나 키워드를 추출해야 하는 독서에서는 종이책보다 효율적입니다. 이러한 장점은 학습자 중심 프로젝트 수업, 정보 수집이 필요한 활동에서 디지털 책이 유용하게 활용될 수 있음을 시사합니다.

하지만 디지털 기기의 특성상 알림, 인터넷 검색, 멀티태스킹이라는 유혹이 상존하고, 이로 인해 지속적인 몰입이 어려워질 수 있습니다. 노르웨이 스타방에르국제학교 학생들을 대상으로 한 타이오디커슨, 망엔 등의 연구를 보면, '읽을 때 멀티태스킹을 (아주 자주 혹은 가끔) 하나요?'라는 질문에 디지털일 때는 46퍼센트의 학생이, 종이일 때는 23퍼센트의 학생이 긍정 답변을 했습니다. 디지털로 읽었을 때 멀티태스킹할 확률이 더 높다는 사실을 확인한 것입니다. 또한 '디지털로 읽을 때 가장 싫은 점은 무엇인가요?'라는 질문에 47퍼센트의 학생이 주의 분산이나 집중 곤란을 언급했습니다. 이 응답은 디지털 기기로 읽으면 종이로 읽을 때보다 정신적 노력을 덜 기울

이게 되어 피상적이고 얕은 읽기가 이뤄질 수 있음을 드러냅니다.

종이책은 집중력과 몰입도를 높이는 데 강점이 있습니다. 망엔 등의 〈종이와 컴퓨터 화면에서 선형 텍스트 읽기: 독해 능력에 미치는 영향〉 연구에서는 중학생들에게 동일한 이야기를 종이책과 전자책으로 나눠 읽힌 뒤 줄거리 이해력을 평가했는데요. 종이책으로 읽은 학생들이 시간 순서나 인물 간 관계와 같은 줄거리 구조를 더 정확히 기억하고 있었으며, 이는 책장을 넘기며 앞뒤 맥락을 조절할 수 있는 경험을 제공하는 종이책의 물리적 구조가 기억과 내용 얼개 파악에 유리하게 작용했기 때문이라고 분석했습니다. 손으로 페이지를 넘기며 책장을 물리적으로 경험하는 행위 자체가 '읽는 행위'를 더욱 실재감 있게 만들어줬다는 점도 밝혔습니다. 델가도 등도 2000년부터 2017년까지 발표된 논문 54편을 메타 분석해 종이책 독서가 전자책 독서에 비해 정보의 '심층 처리'에 유리하며, 특히 긴 글과 학습 목적의 읽기에서 더 높은 이해도로 이어진다고 결론지었습니다. 이러한 연구 결과들은 단순한 매체 선호를 넘어서 종이책이 갖는 인지적·신체적 체험의 밀도가 학습이라는 맥락에서 매우 유용하다는 점을 보여줍니다.

종합해보면 중요한 것은 책의 형식이 아니라 그 책이 어떤 수업 목표와 연결되어 있는가, 그리고 누구에게, 어떤 방식으로 읽히는가입니다. 예컨대 어느 정도 길이의 텍스트를 읽히느냐에 따라 선택이 달라질 수 있습니다. 텍스트 길이를 통제하는 실험 연구에 따르면 500단어 미만으로 텍스트가 짧은 경우 독해 점수는 종이와 디지털 읽기가 비슷한 경향을 보였고, 500단어 이상으로 길 경우 독해 점수는 종이가 일관되게 더 높았다고 합니다. 그렇다면 긴 텍스트의 경우에는 종이를, 짧은 텍스트의 경우에는 학생들이 더 선호하거나 상황에 맞는 매체를 선정하는 것이 효과적이겠죠. 작품의 맥락을 깊이 있게 파악하고 서평이나 감상문을 쓰는 수업이라면 종이책이 유리할 수 있고, 특정 주제를 탐색하거나 정보 추출이 필요한 과제에서는 검색이 가능한 전자책이 효율적일 수 있습니다. 학습자의 독서 수준, 수업의 성격, 책의 내용과 목적에 따라 그 판단 기준도 달라질 수밖에 없습니다.

학교 현장에서 한 학기 한 권 읽기 수업으로 책을 읽으면 대부분 종이책을 읽지만, 간혹 전자책을 읽는 학생도 있습니다. 종이로 된 책을 읽으나 전자책을 읽으나 학생들은 읽다가 종종 잠들기도 하고 시선이 계속 특정 페이지에만 머물기도 합니다.

다만, 전자책을 읽는 학생들은 A4 크기의 태블릿 화면에 작은 글자가 빼곡하게 채워져 있어 종이책을 읽는 학생들보다 한 페이지를 넘기는 데 시간이 꽤 걸렸습니다. 전자책의 레이아웃은 독자가 마음대로 조정할 수 있어서 학생이 그러한 구성으로 설정한 듯했습니다. 그러다 보니 기존 책의 쪽수와 달라져 한 시간 동안 자신이 얼마나 읽었는지 알지 못하는 경우가 있었습니다. 읽은 양에 대한 감각의 부재는 한편으로 책을 얼마만큼 읽었다는 성취감의 상실로 보이기도 했습니다.

한 가지 흥미로운 점은 태블릿으로 읽던 학생들이 어느새 태블릿을 얼굴 가까이 대고 펜을 들어 중요한 부분에 밑줄을 긋거나 메모를 하면서 읽기 시작했다는 것이었습니다. 처음에 읽을 때는 평소 종이책을 읽을 때처럼 태블릿과 눈 사이에 거리를 두더니 시간이 흐르자 집중력이 떨어졌는지 태블릿에 코를 박고 글을 읽었습니다. 그래야 글에 몰입하며 내용을 이해하기 편한 것 같았습니다.

전자책을 읽던 학생들은 수업 차시가 넘어가면서 종이책을 들고 오기 시작했습니다. 되도록 종이책을 읽으라는 교사의 제안도 있었지만, 집중도 문제도 있었던 듯합니다.

수업을 설계하는 교사에게 요구되는 것은 매체에 따라 달라지는 읽기의 방식과 효과를 이해하고, 학습자의 상황에 따라 유연하게 독서 경험을 구성해주는 일이 아닐까 싶습니다.

나아가 디지털 책이 점점 더 널리 쓰이고 있는 환경 속에서 학습을 위한 최적화된 디지털 읽기 전략을 가르치고, 학생들이 이를 활용할 줄 아는 독자로 성장하도록 돕는 것이라 생각합니다.

생각까지 자동 완성?

인공지능 활용 수업의 딜레마와 협상하기

책 속에 길이 있다지만,
가는 길이 험난하다편

작년 문학 수업에서 학생들과 그림을 감상하고 거기에서 받은 영감을 바탕으로 시 창작하기 수행평가를 했습니다. '우와' 하는 감탄이 절로 나오는 작품들을 보면서 평가하는 즐거움을 느꼈습니다.

그런데 한편으로는 이런 생각이 들기도 했습니다. '이 글, 정말 이 친구가 직접 쓴 게 맞을까?' 발상이 창의적이고 구조도 훌륭했지만, 평소 그 학생이 보여줬던 문학적 감수성과는 거리가 멀어 보였습니다. 더군다나 그간 정말 작은 과제도 챗GPT에 물어봐서 해결하려는 학생들을 봐온 터라 뭔가 의심스러웠습니다.

이런 의심은 최근 몇 년 사이 점점 더 잦아졌습니다. 학생들이 생성형 인공지능을 활용해 글을 쓰는 일이 흔해지고 있기 때문입니다. 글쓰기 수행평가나 탐구 보고서, 감상문에서도 인공지능이 생성한 흔적이 자주 보이곤 합니다. 처음에는 부정적인 시선이 앞섰습니다. 하지만 시간이 흐르면서 '이제는 이런 변화를 외면해서는 안 되겠구나'라고 생각이 조금 바뀌었습니다.

생성형 인공지능은 학생들 곁에 자연스럽게 놓여 있는 도구가 되었습니다. 인터넷의 등장이 그랬듯, 인공지능 역시 새로운 형태의 '지식 접근 수단'이 된 것입니다. 관건은 학생들이 '어떻게 활용하게 할 것인가' '어디까지 허용하고 어떻게 평가할 것인가'입니다.

예를 들어 독서 기반 주제 탐구 보고서에서 '목차 짜기'는 많은 학생이 어려워하는 부분입니다. 이때 인공지능이 제공하는 목차 예시는 길잡이가 되어줍니다. 학생 스스로 '이 주제로는 이런 흐름으로 글을 쓸 수 있구나'를 알게 하는 좋은 참고 자료죠. 그것을 바탕으로 학생이 직접 내용을 정리하고 작성한다면 인공지능은 효과적인 보조 도구가 됩니다. 도서관에서 책을 참고하듯이요. 그러나 문제는 인공지능이 만들어준 문장을 그대로 옮겨 적을 때 발생합니다. 이는 참고가 아니라 '대체'가 되고, 그 순간 학생의 학습은 멈춥니다.

그래서 글쓰기 과제를 낼 때, 인공지능 활용에 있어 명확한 기준을 세워야 합니다. 참고는 가능하되, 반드시 자기 말로 다시 쓰고 출처가 있다면 밝히는 것이죠. 특히 구체적으로 확인하게 하는 질문이 필요합니다. '이 내용의 근거는 무엇이고 어디에서 봤는지 이야기해보세요' '이 문장을 쓴 이유를 말로 설명할 수 있나요?' 등으로 학생이 실제로 내용을 소화했는지를 점검할 수 있습니다.

인공지능의 또 다른 문제는 '개수작'이라고 불러도 될 만한 허위 생성, 즉 사실이 아닌 정보나 존재하지 않는 인물과 문헌을 만들어내는 현상입니다. 몇몇 학생은 이런 현상을 인지하고 있지만, 대부분은 인공지능이 알려준 내용의 진위를 의심하지 않습니다. 인공지능에 대한 학생들의 신뢰도는 다른 독서 수행평가에서도 확인할 수 있었습니다. 발표 PPT 자료를 만들 때 반드시 출처를 명시하라고 했더니, 어떤 학생은 출처가 챗GPT라고 하고, 어떤 학생은 챗GPT에서 가져온 거라서 출처가 없다고 이야기했습니다. 이런 모습을 보며 교사의 명확한 지침이 필요하다는 것을 다시 한 번 느꼈습니다. 학생들이 인공지능이 만들어준 내용을 그대로 믿지 않고, 꼭 포털·뉴스 같은 다른 출처로 사실 여부를 검증해보도록 지도해야 합니다.

인공지능을 이용한 수업 운영 방식도 고민해볼 필요가 있습니다. 예를 들어 환경 문제를 다룰 때 일반적인 내용뿐 아니라 '선진국과 후진국 간의 환경 불평등' 같은 주제를 던져주면 인공지능도 그에 대한 다양한 관점을 제시합니다. 이를 토대로 학생들이 인공지능과 대화하며 내용의 범위를 넓혀가고, 알게 된 것을 다시 정리해서 쓰게 한다면 인공지능은 정보를 비판적으로 읽고 사고하는 과정을 돕는 '상대 토론자'가 될 수 있겠죠.

하지만 이때도 인공지능이 내놓은 답변의 진위를 판단해야 합니다. 무조건 받아들이는 것은 언제나 위험합니다. 서평 쓰기 과정 중에 독서 토론 시간이 있었습니다. 이전 시간에 만든 질문을 가지고 모둠 대화를 하는데, 한 모둠에서 질문을 만들어오지 않았습니다. 질문 만드는 것을 어려워하길래 학생들에게 '너희가 잘 활용하는 인공지능을 이럴 때 사용해보라'고 이야기했습니다. 그리고 몇 분 후 다시 그 모둠의 대화를 관찰하는데, 문제가 보였습니다. 학생들이 인공지능이 제안한 질문을 아무 생각 없이 가져와 대화를 나누다 보니 대화가 뚝뚝 끊기고, 다다라야 할 최종 질문에서 점점 멀어지고 있었습니다. 정교한 프롬프트를 입력하는 것, 나아가 인공지능이 제안한 질문이 수업 내용이나 맥락에 맞는지 판단하는 것이 얼마나 중요한지 인지하는 순간이었습니다.

독서 수업에서 인공지능은 이미 또 하나의 참고 도구이자 사고 촉진 도구가 되었습니다. 인공지능과의 적절한 거리 유지, 명확한 기준 설정, 적극적인 활용 안내. 이것이 지금 우리가 독서 수업에서 인공지능과 협상하며 배워야 할 일들일지도 모르겠습니다. 앞으로 인공지능은 더 정밀해질 것이고, 학생들의 활용도도 더 높아질 것입니다. 우리는 이 불가피한 현실을 어떻게 교육적으로 소화해낼 것인지 계속 고민해야 합니다.

읽었는데 기억이 안 난다?

내 머릿속 지우개부터 오독 대처법까지

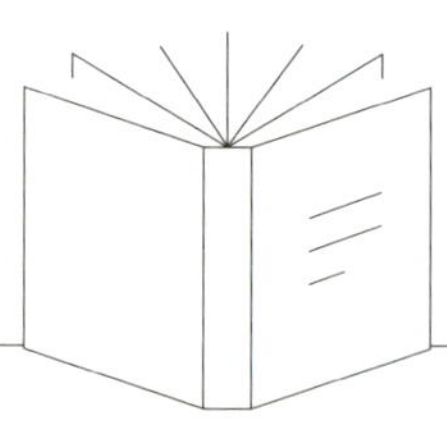

"저 어디까지 읽었죠?"

일주일에 한 번 수업 시간에 책을 읽을 때마다 자신이 전에 어디까지 읽었는지 기억하지 못하는 학생들이 대여섯 명 정도 나옵니다. 포트폴리오에 적어둔 쪽수를 확인하고 나서야 '아 맞다', 하면서 책을 읽으러 갑니다. 이런 일이 매주 반복되니 학생들이 책을 제대로 읽고 있는 건지 약간 의심스럽습니다. 그러던 와중에 베르나르 베르베르의《개미》를 읽던 한 학생이 수업이 시작하고 10분 만에 저에게 물었습니다.

"여기 등장하는 이 인물, 사람이죠? 근데 개미는 언제 나오는 거예요?"

제목과 내용이 연결되지 않는다며 의아해하는 그 학생의 말에《개미》를 이미 읽은 옆자리 학생이 "그거 사람 아니고,

개미야"라고 나지막하게 말했습니다.《개미》를 읽던 학생은 충격받은 얼굴로 다시 책에 얼굴을 묻었습니다. 친구의 말이 진짜인지 확인하려고 책을 앞으로 넘겨서 열심히 들여다봤습니다. 그 책을 잡은 지 두 시간째였습니다. 정말 이 아이들이 책을 '읽고' 있는 것인지, 잘못 이해하고 있는 것은 아닌지 걱정스러웠습니다.

책을 펼치고 나서 도통 페이지를 넘기지 못하는 학생도 있습니다. 지난 시간에 읽었던 내용을 다시 읽고, 오늘 읽은 부분도 다시 읽습니다.

"다른 친구들은 벌써 80쪽 넘게 읽었는데, 저는 아직 40쪽도 못 읽었어요."

수업이 끝나고 한 학생이 다른 친구들의 독서 포트폴리오를 거둬오면서 울상이 되어 속상한 마음을 털어놨습니다. 청소년소설을 읽고 있던 학생이었는데, 앞의 내용이 잘 기억나지 않아 자꾸만 돌아가서 다시 읽게 된다고 했습니다. 그러다 보니 다른 친구에 비하면 읽는 속도도 느리고 읽은 양도 적은 것이 답답한 모양이었습니다. 내용을 쉽게 잊을 만큼 어려운 책처럼 보이지 않았는데, 분해하는 학생의 얼굴을 보니 무슨 방법이라도 말해줘야 할 것 같았습니다.

"좀 더 글자가 적고, 쉬운 책으로 읽어볼래?"

학생은 시무룩한 표정으로 책을 서랍에 넣었습니다. 저에게 "너는 바보야"라는 말을 들은 듯 표정에 서러움이 역력했습니다. 학생에게 새로운 대안을 주고 싶었는데 어째서인지 학생의 독서 효능감을 깎아먹은 교사가 된 기분이었습니다.

읽은 내용이 잘 기억나지 않는다며 책 읽기를 힘들어하는 학생들은 교실에서 정말 흔하게 볼 수 있습니다. 고등학교에 가면 이 상황이 국어 모의고사를 보는 과정에서 더 두드러집니다. 모의고사의 긴 지문을 읽다가 자꾸 되돌아가서 다시 읽고 내용을 파악하느라 늘 시간이 부족한 것입니다. 마지막 지문을 읽지도 못하는 경우도 있습니다. 제한된 시간이 주는 압박감은 학생들을 더 쪼들리게 만듭니다.

읽은 내용을 잊어서 앞으로 돌아가며 학생들은 수없이 자괴감을 느끼는 듯합니다. 이 실패의 경험은 곧 독서에 대한 반감으로 이어지겠죠. 학생들이 글을 읽으면서 정확히 이해하고 오래 기억하게 하려면 평소에 어떤 독서 수업을 해야 좋을까요?

학생들이 제대로 독서하는 방법을 잘 모른다면, 구체적인 전략을 안내하는 것이 좋습니다. 독서 전략은 각각의 전략을 가르치기 좋은 글을 만났을 때 사용해야 합니다.

독서 전략은 글에 따라
결정 난다

사실적 읽기, 추론적 읽기, 비판적 읽기, 문제 해결적 읽기, 공감적 읽기와 같은 전략은 그 전략을 적용하기에 알맞은 글이 있습니다. 과학 분야 책을 주고 노랫말 만들기 같은 활동을 하는 것은 적절하지 않습니다. 또 전략을 가르치기 적절한 글은 글 자체의 난이도와 무관합니다.

인문이나 사회 분야 같은 경우 다양한 사회문제가 왜 생겼고, 이 사회가 어떻게 돌아가고 있는지를 이해해서 문제의 원인을 해결하는 방안을 제시하게 하는 전략을 사용할 수 있습니다. 학생들이 이를 고민할 수 있도록 질문을 던져야 합니다. 과학 분야의 경우 새롭게 알게 된 사실을 정리하는 방법을 사용하면 좋습니다. 요점은 책의 분야마다 좀 다르게 접근할 필요가 있다는 것입니다. 그렇기에 책과 수업에 기초해 질문을 던지는 교사의 역량이 무엇보다 중요합니다. 학생들이 책을 읽고 나서 써야 하는 포트폴리오에 질문을 함께 주거나, 책을 읽기 전에 질문을 먼저 살펴보고 무엇에 초점을 두고 읽어야 할지 목표를 세우게 해주면 학생들의 집중력을 높이는 데 도움이 되죠.

영역별 던지기 좋은 질문 예시 모음

학생의 배움을 이끌어내려면 '좋은 질문'이 필요합니다. 책의 종류에 어울리는 질문을 던져야 학생이 그에 맞춰 생각하면서 책 내용에 쉽게 몰입하고, 잘 잊지 않게 됩니다. 이때 교사는 독서 교육에 있어 내비게이터 역할을 합니다.

인문·예술

인문·예술 분야에서는 학생이 자신의 생각과 감정을 드러내게 하는 질문을 사용하면 좋습니다. 아래와 같은 질문으로 글에서 느낀 것, 새롭게 배운 것을 정리하고 표현하면서 학생은 세상을 바라보는 관점을 넓히고 자신의 가치관을 정립할 수 있습니다.

- 이 글에서 인상 깊은 한 문장을 뽑는다면 무엇인가요?
- 이 글에서 생각을 넓히거나 깨우침을 주는 부분은 어디인가요?
- 이 글과 관련된 내용을 책이나 글, 영화, 드라마에서 찾는다면 어떤 게 있나요?
- 이 글의 내용과 관련된 자기 또는 주변 사람의 경험을 찾는다면 어떤 게 있나요?

- 글쓴이가 하려는 말을 한마디로 정리하면 무엇인가요?
- 이 글에 자신의 의견과 다른 점이 있다면 무엇인가요? 또는 이 글과 다른 관점이 있다면 무엇인가요?
- 어느 부분이 자신에게 특별히 와닿았나요?
- 이 글은 개인과 사회에 어떤 영향을 미칠까요?
- 이 글에서 개인 또는 사회의 인식을 개선하는 데 도움이 되는 내용은 무엇인가요?
- 이 글을 누구에게 권하면 좋을까요?

사회·문화

사회문제에 대한 여러 관점을 살펴보고 설득력 있는 정보와 논리를 습득하고자 할 때 사회·문화 분야의 책을 읽으므로, 질문도 이와 맥을 같이해야 합니다. 사회문제가 무엇이고, 이 문제와 관련해 어떤 관점과 입장이 있으며 그 근거가 무엇인지 찾아볼 수 있게 하는 질문이 필요합니다.

- 이 글의 내용을 잘 나타내는 한 문장은 무엇인가요?
- 이 글의 전반적인 내용은 무엇인가요?
- 이 글에서 가장 중요한 내용은 무엇인가요?
- 이 글의 관점과 반대되는 논리는 무엇인가요?

- 이 글의 관점과 그 반대되는 논리에 대해 어떻게 생각하나요?
- 자기 경험이나 주변 상황과 비교할 때, 이 책의 내용은 설득력이 있나요?
- 공감이 되는 부분은 무엇인가요?
- 공감이 되지 않는 부분은 무엇인가요?
- 이 글에 대해 글쓴이가 나와 토론한다면 어떤 말을 할까요?
- 개인 또는 사회문제의 해결에 도움이 되는 내용은 무엇인가요?

과학·기술

과학·기술 분야의 글을 읽을 때는 객관적인 정보를 습득하게 하는 것이 중요합니다. 그러므로 새롭게 얻은 정보를 확인하고, 기존에 알고 있던 정보와 비교하면서 이 정보를 어떻게 쓸 수 있을지 고민하도록 이끄는 질문을 던지면 좋습니다.

- 잘 몰랐는데 새롭게 알게 된 내용은 무엇인가요?
- 약간 알았는데 자세히 알게 된 내용은 무엇인가요?
- 기존에 알고 있던 내용과 다른 부분은 무엇인가요?
- 책의 여러 내용 중 자신이 설명할 수 있는 내용은 무엇인가요?
- 이 분야의 연구자에게는 어떤 어려움이 있었나요?

- 이 분야의 연구자에게 필요한 태도는 무엇인가요?
- 이 분야의 연구가 더 발전하려면 무엇이 필요한가요?
- 이 분야에서는 어떤 쟁점이나 논쟁이 있었나요?
- 개인 또는 사회에 도움이 되는 내용은 무엇인가요?
- 사람들의 세계관, 인생관, 가치관에 영향을 미치는 내용은 무엇인가요?

인물

인물을 다룬 책을 읽을 때는 그 인물에게서 배운 점, 느낀 점을 정리할 수 있게 하는 질문을 활용해야 합니다. 인물이 살면서 얻은 경험과 깨달음을 이해하고 학생 자신의 삶과 연결하는 과정 속에서 글을 깊이 있게 읽도록 하는 것입니다.

- 이 인물이 한 말 중에서 그를 잘 드러내는 말을 하나만 찾는다면 무엇인가요?
- 이 인물에게 큰 영향을 미친 인물이나 사건은 무엇인가요?
- 이 인물의 인생에서 결정적인 선택은 무엇이고, 이 선택으로 그 뒤에 어떤 결과가 있었나요?
- 이 인물이 사회적으로 의미 있는 성취를 거둔 이유는 어디에 있나요?

- 이 인물이 삶에서 겪었던 위기나 어려움은 무엇이었고, 거기에 어떻게 대응했나요?
- 그의 인생, 인격, 세계관 등과 관련해 흔히 알려진 내용과 실제 인물의 차이가 있나요?
- 이 인물의 주변 사람 중 한 사람을 골라서 그에게는 이 인물이 어떻게 보였을지 이야기해볼까요?
- 책 속 인물 가운데 자신과 가장 닮은 사람은 누구인가요?
- 이 인물과 비슷한 사람이 현재 우리 사회에 있다면 누구인가요?
- 이 인물과 관련해 두고두고 기억하고 싶은 내용 한 가지는 무엇인가요?

시

시집은 상징성이 높기 때문에 학생들이 논리로 접근하기보다 질문을 통해 구절을 곱씹으며 시에 흠뻑 빠져들게 만들면 좋습니다. 더불어 시인에 대해 질문해서 시인과 시를 연결해 해석하는 방법을 제안하면 시를 이해하는 데 도움을 줄 수 있습니다.

- 자신의 마음에 와닿는 시는 무엇인가요?

- 자신의 사회적 소통망 프로필에 적어두고 싶은 구절은 무엇인가요?
- 자신에게 힘이 되는 시는 무엇인가요?
- 깨우침을 주는 시는 무엇인가요?
- 표현이 멋진 구절은 무엇이고, 왜 그 표현이 멋진가요?
- 시인이 살아온 사회의 상황이 시에 어떻게 스며들어 있나요?
- 이 시집의 대표시로 꼽을 만한 작품은 무엇인가요?
- 시인의 성격이나 가치관이 잘 드러난 작품은 무엇인가요?
- 자기 모습과 제일 닮은 시는 무엇인가요?
- 이 시집은 어떤 사람에게 어울리나요?

소설

소설에서는 다양한 인물과 사건이 엮이며 복잡한 갈등이 등장하므로 이를 파악하는 데 도움이 되는 질문을 제시합니다. 인물의 결정적인 선택, 소설에 등장하는 가치관, 소설 속 사건과 유사한 현실의 사건 등을 물어 학생이 소설에 대해 깊이 생각해보도록 할 수 있습니다.

- 이 작품의 주제와 관련 있는 한 문장은 무엇인가요?
- 소설 속 인물을 한 명 선택해서 그의 세계관을 분석해볼까요?

- 소설 속 사건과 비슷한 사건을 영화나 드라마나 뉴스에서 찾는다면 무엇이 있나요?

- 인물의 결정적인 선택은 무엇인가요? 다른 선택을 했다면 사건 전개가 어떻게 달라졌을까요?

- 이 소설 안에서 대립하는 가치관은 무엇인가요?

- 이 소설 속 사건 또는 인물과 연관 있는 자신이나 주변 사람의 경험이 있다면 무엇인가요?

- 주인공이 소설 속의 다른 인물로 바뀌면, 작품의 분위기와 주제가 어떻게 달라지나요?

- 작가는 이 작품으로 세상 사람들에게 어떤 생각을 전하려 했을까요?

- 이 작품은 사람들에게 어떻게 받아들여지고, 세상에 어떤 영향을 미칠까요?

- 이 소설의 문체 또는 구성은 작품의 주제와 어떻게 연관되어 있나요?

오독 부수는 수업 방법

《개미》를 읽으면서 인물이 개미라는 점을 알아차리지 못했다면, 이 학생은 책을 오독한 것입니다. 내용을 제대로 이해하지 못한 경우죠. 수업 시간에 오독을 제어하려면 서평 쓰기 활동에서 고쳐 쓰는 시간을 세 시간 정도 확보하는 것을 추천합니다. 서평을 써야 학생이 잘못 읽은 부분을 교사가 알아챌 수 있습니다.

고쳐쓰기 과정을 두면 교사가 한 학생당 2~3분씩 피드백을 줄 수 있습니다. 보통 일대일로 피드백을 하지만, 모둠별로 모여서 한 모둠에 10분 정도 얘기하는 식으로 피드백을 할 수도 있습니다. 교사가 직접 각 학생과 얘기하는 것을 듣는 과정에서 오독이 약간 잡힙니다. 자신이 잘못한 점을 들을 때는 감정적으로 장벽이 생겨서 피드백이 잘 들어오지 않지만, 친구들이 하는 실수는 편안한 마음으로 들을 수 있습니다. 친구의 실수에서 자신의 실수를 발견하기도 하면서 피드백을 좀 더 포용하게 됩니다.

또는 18차시 정도로 긴 책 대화하기 수업을 하면 오독에 얼마간 대응할 수 있습니다. 책 대화를 하면서 토론하고 그 내용으로 보고서를 쓰게 해서 오독을 절반가량 줄이는 것입니다. (책 대화하기 방법에 대해서는 조금 뒤에 보다 구체적으로 다루겠습니다.)

일반적으로 약 30퍼센트의 학생들은 엉뚱한 소리를 합니다. 가령 《난장이가 쏘아올린 작은 공》을 읽고 '당한 사람이 바보다'라는 식으로 오독한 학생들은 교사가 구구절절 설명해도 잘 설득되지 않습니다. 책 대화를 하는 과정에서 오독이 강화되기도 합니다. 그렇지만 학생들이 자신의 생각을 표현하면서 오독이 이뤄진 부분을 확인할 수 있고, '아이들이 이렇게 오독할 수 있겠구나' 싶은 부분에 대해 교사가 추가적인 질문을 던지면 학생들의 생각을 깨울 수 있습니다.

구술평가도 추천합니다. 구술평가 시 교사가 질문을 한 5~10개 내고 학생이 답하게 하는 것입니다. 이렇게 하면 독서의 방향을 상당 부분 통제할 수 있습니다. 교사의 의도가 담긴 질문을 주고, 아이들이 그 질문의 답을 말하는 연습입니다.

교사와 이야기하기 때문에 웬만하면 비도덕적이거나 비윤리적이거나 약자를 때려잡자는 얘기는 겁이 나서 못 합니다. 구술평가를 할 때 (학생이 하는 말을 교사가 바로 평가하면) 대부분 윤리적인 지향 쪽에서 교정 효과가 있습니다. 교사가 아무 말 안 해도 이 교사가 어떤 답을 가지고 있는지는 귀신같이 감지합니다. 무의식적 교육과정, 비공식 교육과정 등 이런저런 말들이 있는데 진짜 맞는 말입니다.

일단 쫄지 말고 밀고 가라

내용이 이해되지 않아 다시 앞으로 가서 책을 읽느라 다른 학생들보다 읽는 속도가 느린 학생은 책에 대한 패배감이 깊을 수 있습니다. 쉬운 책으로 바꿔보라고 해도 학생이 겪는 문제는 바로 해결되지 않습니다. 이 경우 '내용이 이해되지 않아도 멈추지 마. 돌아보지 말고 앞으로 무조건 나가. 돌아보지 말고 그냥 앞으로 가. 되든 안 되든 그냥 가' 하고 말해줘야 합니다. 이렇게 말하는 것이 매우 중요합니다. 학생이 어느 정도 끝까지 가면 책을 읽었다는 성취감이 있어서 다음에 다시 보면 자신감이 생깁니다. 그러다 보면 '무언가'가 나옵니다. 자신감 내지는 호감이 나옵니다.

멀리
가기
위해

함께 떼는

발걸음

모두가 말하고 읽고 쓰게 하자

다양한 독서 활동과 수행평가 방법

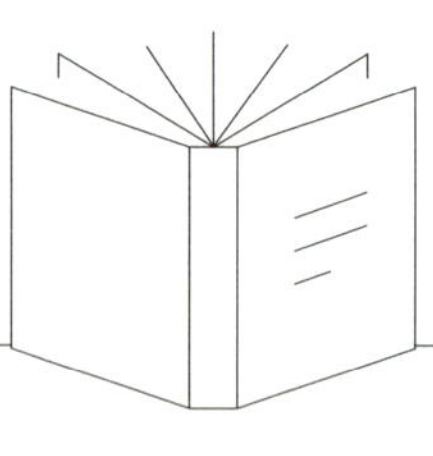

"2학기 첫 번째 국어 수행평가는 독서일지와 서평 쓰기입니다."

"아, 또요?"

중학교 1학년은 1학기에 이어 2학기에도 독서일지와 서평 쓰기 수행평가를 한다고 하니, 책 읽기도 글쓰기도 마음에 들지 않는 학생의 입술이 삐죽 나왔습니다. 다른 교과들은 수행평가로 실험도 하고, 노래도 부르는데 국어 과목에서는 조용히 책 읽고 글을 쓰니 어쩐지 지루하게 느껴지는 모양이었습니다.

"1학기 때보다 조건을 더 꼼꼼하게 줄 거니까 이전과는 조금 다를 거예요. 1학기에 준 피드백 참고해서 문단 구분 잘하고, 똑같은 실수 하지 말고 써봅시다."

학생들은 조금 다를 것이라는 교사의 설명에 약간 긴장한 표정을 지었습니다.

"지난번에 한번 해봤으니 잘 할 수 있어."

한 학생은 자신만만한 얼굴로 씩 웃었습니다. 과연 잘 할 수 있을지 기대하며 서평 쓰기 수행평가지를 확인했죠. 1학기에 했던 맞춤법 실수나 어색한 표현은 많이 줄어들었습니다. 책에 대한 학생들의 생각도 확인할 수 있었고, 오독한 부분은 없는지도 살펴볼 수 있었습니다. 책과 관련된 학생의 배경지식과 개인적인 경험이 나와서 내용이 풍부한 서평도 있었습니다. 1학기보다 성장한 모습에 흐뭇했지만, 그 마음은 안타깝게도 오래가지 못했습니다.

줄거리만 왕창 쓴 서평이 등장했습니다. 마지막 두 줄에 이르러서야 "재미있었다"라는 짧은 감상이 나타났습니다. 분명 줄거리로만 글을 채우면 안 된다고 말했는데도 이렇게 쓴 것은, 분량을 채워 약간의 점수라도 얻자는 심산이었을 겁니다. 개인 생각이 너무 없어서 감점하고 뒷장으로 넘어갔습니다.

갑자기 문체가 달라지는 서평이 나왔습니다. 초반에는 '~다'로 썼는데, 후반에는 '~습니다'로 바뀌었습니다. 그리고 문장력이나 어휘 수준도 묘하게 높아졌습니다. 의아한 마음에 책 바구니에서 책을 꺼내 보니 '작가의 말' 부분에서 똑같은 문장을 발견했습니다. 마치 자기 생각인 것처럼 표절한 것입니다. 중학교 1학년은 역시 철저하지 못하다고 생각하며 포스트잇을 붙이고 어떻게 점수를 줄지 다른 선생님들과 협의하기로 마음먹었습니다.

학생들의 서평을 계속 넘기니 갈겨쓴 글씨로 달랑 두 줄 쓴 서평이 나타났습니다. 백지도 한 장 있었습니다. 반마다 적게는 한 장, 많게는 네 장 정도의 백지 혹은 다섯 줄 미만의 서평이 나왔습니다. 그러고 보니 책 읽는 시간에 잠자거나 제대로 집중하지 못한 학생의 서평지였습니다. 수업에 크게 관심 없던 운동부 학생의 것도 있었고, 평소 국어 수업 이외 다른 수업도 전혀 따라가지 못하던 학생의 것도 있었습니다.

보통 이런 학생들은 떠드는 것을 참 잘하는데, 책 읽는 시간엔 내내 조용히 있어야 해서 독서 수업이 매우 심심한 듯했습니다. 자꾸 손을 들어 화장실에 간다고 하거나 옆에서 책 읽는 친구를 계속 건드렸습니다. 책을 읽지 않아서 쓸 것도 없으니 서평을 쓸 때도 엎드려 자거나 낙서하거나 지루한 눈으로 다른 친구들이 서평 쓰는 것을 구경했습니다.

서평 쓰기는 교사와 학생들에게 익숙한 방식이라 수행평가에서 흔하게 이뤄집니다. 학생이 스스로 책 내용을 고민하게 하니 사고력을 키우는 데 도움이 되고, 명확한 평가 근거가

있어 수행평가로 쓰기 좋습니다. 그렇지만 학생들이 쓴 서평
을 검토해보니 자신의 경험을 표현하기 힘들어하는 학생, 남
의 생각을 자신의 것처럼 몰래 가져오는 학생이 종종 보입니
다. 이런 학생들과는 어떤 수행평가를 하면 좋을까요? 활동적
이지만 다소 집중력이 짧은 아이들이 정직하고 즐겁게 참여
할 수 있는 독서 활동이나 수행평가로 또 무엇이 있을지 고민
됩니다.

독서 수행평가에서 서평 쓰기는 대중적인 선택지입니다.
학생들도 중학교 때 한 번 이상 써보기 때문에 고등학교에
와서도 쉽게 받아들입니다. 하지만 정적인 활동이라
학생들이 약간 졸려 합니다. 요즘 학생들은 릴스와 쇼츠로
인해 집중하는 시간이 짧아졌습니다. 그러니 말로 하는
비중을 좀 더 높인 방법이 좋습니다. 이러한 맥락에서
구술평가나 책 대화하기를 추천합니다.

떠들기 좋아하는 학생을 위한
책 대화하기

4~5인 모둠에서 같이 이야기 나눌 책을 선정합니다. 교사가
제시한 책 목록을 보고 책을 고르게 할 수도 있고, 책 목록에

서 마음에 드는 것이 없다면 교사가 제시한 책 선정 기준에 따라 학생들이 원하는 책을 정하게 합니다. 만화책이나 동화책을 제외하고, 지나치게 폭력적인 내용이 들어간 책은 자제하라는 정도의 기준이면 됩니다. 선정된 책은 알아서 읽어오라고 하면 아마 반에서 대여섯 명도 안 읽어올 것이기 때문에 수업 중 책 읽는 시간을 충분히 확보해야 합니다. 한 학기 한 권 읽기 프로젝트에서도 책 대화하기를 사용하면 좋습니다.

모둠별로 모인 학생들은 각각 '기록1' '기록2' '기록3' '편집' 역할을 맡습니다. 책과 관련한 질문으로는 교사가 10개 정도 제시하고, 학생들이 각자 6~7개 정도 제시합니다. 그렇게 모인 질문 중에서 10개를 뽑습니다. 기록1 학생은 1~3번 질문에 관한 대화를 주도하는 사회자가 되어 모둠원의 말을 이끌어내고, 이를 보고서로 작성합니다. 기록2 학생은 4~6번 질문을, 기록3 학생은 7~10번 질문을 맡아 사회자로 활동하고 이를 토대로 보고서를 씁니다. 편집하는 학생은 모든 내용을 종합해 하나의 글로 정리한 최종 보고서를 제출합니다. 모둠원들이 쓴 개인 보고서를 참고하되, 최종 보고서에 그대로 붙여 넣으면 안 됩니다. 전체적인 글의 흐름이 자연스럽도록 소제목과 글을 다시 쓰고, 문체도 통일해야 합니다. 기록1~3 학생이 쓰는 개인 보고서는 1인당 3~4쪽 분량이고, 편집하는 학생이 쓰는 최종 보고서는 9~10쪽 분량입니다.

질문은 '읽었는데 기억이 안 난다?: 내 머릿속 지우개부터 오독 대처법까지' 챕터에서 참고하면 됩니다. 질문을 주고 바로 이야기하라고 하면 그렇게 할 수 있는 학생은 몇 없습니다. 학생들에게 질문에 대한 답을 미리 생각해보고 쓰는 시간을 줘야 좀 더 심도 있는 책 대화를 할 수 있습니다. 대신 자신이 쓴 답을 줄줄 읽는 것은 금지해야 합니다. '대화'이기 때문에 자신의 말을 듣는 모둠원의 얼굴을 골고루 보면서 말해야 한다고 강조해야 합니다. 이 점을 놓치면, 책 대화하기는 실패합니다!

사회자가 된 학생은 자신이 맡은 질문에 관해 몇 분 정도 대화할 것인지 미리 계획을 세워야 합니다. 그래야 대화가 늘어지지 않습니다. 책 대화가 시작되면 다른 모둠원의 말에 호응도 하고, 한 명이 발언을 너무 많이 하면 이를 적당히 끊어서 공평하게 발언을 할 수 있도록 대화를 이끌어야 합니다. 모둠에서 두 사람이 서로 말을 길게 주고받을 때는 그 대화가 의미 있고 깊이가 있으면 그대로 둬도 되지만, 감정이 상하는 말이 오가면 적절히 끊어내야 합니다. 아무도 말하지 않으면 모둠원을 지목해서 대화를 시작해야 합니다. 두루뭉술하게 '누가 먼저 할까?' 물으면 선뜻 나서지 않기 때문입니다. 대화는

클로바노트로 녹음합니다. 녹음이 되는 동시에 음성이 글자로 변환되어 나중에 보고서 쓸 때 유용합니다. 모둠을 만들자마자 이 앱을 다운로드하라고 하면 좋습니다.

만약에 한 모둠원이 비협조적이라면 어떻게 해야 할까요? 아프거나 결석해서 책 대화하기에 참여하지 못하는 경우라면 카카오톡으로 책 대화를 해서 채워오라고 하면 됩니다. 보고서도 내지 않고 열심히 참여도 하지 않는다면, 그냥 그 학생을 제외하고 기록1, 기록2, 편집으로 역할을 나눠서 개인 보고서 각 4쪽, 최종 보고서 8쪽을 쓰게 합니다. 대화는 했으나 보고서를 안 낸 경우와 아예 대화조차도 안 한 경우는 배점에 차등을 두고 채점해야 합니다.

평가 점수는 다음과 같이 환산합니다. 기록1~3번 학생은 개인 보고서로, 편집 학생은 최종 보고서로 개인 점수를 줍니다. 공동 점수는 최종 보고서 점수로 줍니다. 그러니 제일 뛰어난 학생이 편집을 맡도록 해야 합니다. 이 점은 말하지 않아도 학생들이 귀신같이 제일 뛰어난 학생을 편집에 넣더군요.

구술평가

책 대화하기는 전체적으로 호흡이 긴 활동이라 교사마다 느끼는 부담이 다를 수 있습니다. 그래서 5차시 분량의 구술평가도 추천합니다. 책을 읽은 뒤 1차시에는 답을 준비하고 2차시에는 말하기 연습을 한 다음 3~5차시에 구술평가를 하면 됩니다.

학생들이 책을 읽고 이야기할 주제를 개별적으로 뽑아낸 후 그에 대해 말하는 것도, 교사가 질문을 던지면 학생이 면접에서 답하듯 말하는 것도, 학생들 앞에서 발표하는 것도 모두 구술평가에 해당합니다.

구술평가는 '말하기 연습'이 중요합니다. 연습 없이 곧바로 말하라고 시키면 학생들은 배우지 못합니다. 그저 등급만 나누게 됩니다. 그런데 막상 연습하라고 하면 어떻게 연습해야 하는지 잘 몰라서 멀뚱멀뚱 앉아 있는 학생들이 분명 한 반에 몇 명씩 있습니다. 이를 대비하기 위해 짝 활동으로 말하기 연습을 유도하는 것이 좋습니다.

먼저 교사가 학생에게 던질 질문을 미리 알려줍니다. 2차시 동안 책이나 인터넷을 활용해서 자료를 찾게 하고, 선생님 또는 친구에게 물어보거나 상의해서 답을 적도록 합니다. 실제 답을 어느 정도 완성하면 한 시간 동안 동료와 함께 구술평가처럼 말하는 연습을 하게 합니다.

물론 다른 친구나 선생님의 도움이 필요 없는 최상위 학생들이 있습니다. 그런데 이 학생들도 말하기 활동에서 얻을 수 있는 교육적 성취가 있습니다. 인지심리학자 김경일 교수가 EBS와 함께 최상위 학생들의 공통점을 연구한 적이 있습니다. 설문지도 돌리고, 인터뷰도 해봤으나 가설로 세운 독서량, 수면 시간, 부모와의 토론, 사교육의 유무 모두 공통점이 아니었습니다. 그러다가 나중에 알게 된 최상위 학생들의 특징은 이타적이라는 점이었습니다. 친구들이 물어봤을 때 잘 설명해 준다는 공통점이 있었던 겁니다. 이 학생들은 남에게 설명하면서 스스로 깊이 이해하고, 설명하다가 자신이 미처 채우지 못한 빈 곳을 발견하면 서둘러 다시 지식을 재구성하며 더 깊은 앎에 도달합니다. 이처럼 구술평가를 준비하는 최상위 학생도 이해가 느린 학생들을 돕는 과정에서 배움을 얻습니다.

한 명씩 구술평가를 할 때는 교탁 앞으로 나와서 말하는 방법과 복도에 나가서 하는 방법이 있습니다. 복도에서 구술평가를 하면 한 학생의 발표만 들을 수 있지만 교탁 앞에서 하면 반 전체가 볼 수 있습니다. 후자의 경우 상대적으로 말하는 학생의 부담이 큰데, 여러 학생의 말하기를 볼 수 있어서 아이들의 말하기 실력을 높이기 좋습니다. 고부담 고성장 모델이라고 하겠습니다. 이 방식은 공부 잘하는 학생이 많은 학급에서 할 때 특히 효과가 좋습니다. 발표하는 학생이 말도 잘하고 말하는 내용도 의미 있어서 듣는 학생들에게도 도움이 됩니다. 그렇지 못한 경우에는 발표 내용이 듣는 학생들의 인생에 그다지 도움이 되지 않습니다. 듣는 학생들이 힘들어하고 잘 듣지 않기도 합니다. 이럴 때는 저부담 저성장 방식으로 복도에 따로 불러서 구술평가를 실시하는 게 좋습니다.

모둠별 구술평가는 학생들이 네다섯 명 정도 모여서 문제를 추첨으로 뽑고, 자기가 뽑은 문제를 상대에게 질문하는 방식으로 합니다. 자기가 뽑은 문제를 자기가 답하지 않고 다른 학생에게 묻는 질문으로 사용하게 하면 학습자 간 상호 작용이 많아져서 좋습니다. 학생들은 서로 소통하는 과정에서 더 잘 배우게 되죠. 저는 학생 1인마다 3회 답하는 방식으로 진행합니다. 각자 두 문제를 뽑고, 자기가 뽑은 문제를 자기 왼쪽 사람에게 묻습니다. 그렇게 한 바퀴 돌면 모두가 한 번씩 묻고 한 번씩 답하게 됩니다. 그다음에 자기가 두 번째로 뽑은 문제를 자기 왼쪽 사람에게 묻습니다. 왼쪽 사람이 답을 하면, 질문한 사람이 추가 질문을 하고 왼쪽 사람에게 답을 한 번 더 들어요. 여기까지 하면 왼쪽 사람은 처음 한 바퀴 돌 때 한 번 답하고, 두 번째 돌 때 두 번 답해서 총 3회 답을 하게 됩니다. 이렇게 학생들끼리 질문하고 답하는 모둠 구술평가를 하면, 교사는 학생의 시선 바깥에 있게 되어 힘이 훨씬 덜 듭니다. 이때 꼭 필요한 건 시간 관리예요. 답 1회마다 1분 정도로 시간을 정해두고 20초 더 하거나 적게 하도록 합니다.

구술평가 문제는 다양한 유형으로 만들 수 있습니다. 지식을 얼마나 기억하고 이해하는지를 묻는 문제, 학습 내용을 다른 정보와 연결하는 문제, 지식의 적용을 묻는 문제, 내용이나 상황에 대한 해석이나 판단을 묻는 문제, 특정한 관점을 설명하거나 특정한 관점과 다른 관점을 설명하는 문제, 자기 주변에서 관련 사례를 찾는 문제가 가능합니다.

책의 분야에 따라 질문할 수도 있습니다. 시집을 읽었을 때는 개인에게 와닿은 부분에 초점을 둔 문제가 나오고, 소설을 읽었을 때는 세계관 분석과 인물의 선택에 초점을 둔 문제가 나오게 됩니다. 자연과학과 수학, 체육 관련 책을 읽었다면 지식을 정확히 설명해보게 하는 문제를 만들면 됩니다. 역사책을 읽었을 때는 그 시대의 인물과 사건에 대한 해석을 확인하거나 지금 사회에서 비슷한 인물과 사건을 찾아보라고 할 수 있습니다. 또는 다른 나라에서 비슷한 인물이나 사건을 찾아서 제시하라고 해도 됩니다.

평가 요소	세부 내용
말의 내용	• 질문에 맞게 대답하는가 • 설명 또는 논증이 충실한가
말의 전달력	• 청중을 고려하며 말하는가 • 시선, 표정과 같은 비언어적 표현이 적절한가
듣기 태도	• 다른 사람이 말할 때 상대의 얼굴을 보는가

채점 기준은 위의 세 가지 범주로 구분할 수 있는데, 학기 성적의 10~20퍼센트로 하는 수행평가일 때는 이 정도로 해도 무난합니다. 구글에서 'Oral Assessment Rubric'으로 검색하면 여러 나라의 다양한 채점 기준을 볼 수 있습니다. 더 고급 수준으로 학생을 가르치고 싶으면 채점 기준표에 '자기 언어로 말하는가'를 추가하면 됩니다. 이 기준은 말의 내용에 들어가도 되고 말의 전달력에 들어가도 됩니다. 자기 언어로 어떤 내용을 말하려면 그 내용을 충분히 소화해야 하고, 말하는 사람이 자신의 언어로 이야기하면 그 내용이 듣는 사람의 귀에 쏙쏙 들어오니까요.

점수 구성의 경우 만점이 10점이고 학생이 3회 답하게 했다면, 한 번 답할 때마다 3점 만점으로 잡고 3-2-1-0점을 매깁니다. 학생이 세 번 답하는 점수가 총 9점이고, 여기에 듣기 태도 점수로 1점을 넣으면 10점이 됩니다. 학생에게 2회만 답하게 할 때는 한 번 답할 때마다 4점 만점으로 채점하고, 여기에 듣기 태도를 2점으로 넣습니다. 20점 만점으로 하고 학생이 3회 답하게 한다면, 답변 점수가 총 15점이고 태도 점수는 5점이 됩니다.

입과 손으로 완주하는
느린 학생 맞춤 독서

책 대화하기나 구술평가를 사용하면 배경지식이 적고 집중력이 매우 부족한 학생을 수업에 참여시키는 데 도움이 됩니다.

책을 읽은 뒤 교사가 문제를 5~10개 정도 주고, 답 찾는 시간을 한두 시간 줍니다. 그 후에 모둠별로 문제를 두 개씩 뽑아 왼쪽 사람에게 질문하도록 하고, 질문을 받은 학생은 답합니다. 교사는 그런 학생들의 답변을 듣고 관찰하고 평가합니다. 한 모둠이 교사와 구술평가를 하는 사이 다른 모둠의 학생들은 그 시간에 글쓰기를 하도록 안내합니다. 이때 쓰는 글은 질문에 대한 답입니다. 말로 하는 내용과 같은 내용을 쓰게 하는 거죠.

이때 백지를 내는 학생들도 있습니다. 그런 아이들은 방법을 모르기도 하지만, 실패가 습관이 되어서 의욕을 잃은 상태이기도 합니다. '이 경쟁에서 나는 이길 수 없다. 이미 틀렸다'는 생각에 마음을 놓은 겁니다. 이런 학생을 불러다놓고 쓰라고 하면 머리도 어지럽고 체계적으로 쓰려니 아주 죽을 맛이라는 표정을 짓습니다. 그럴 때는 힌트를 줄 수 있습니다. 소설을 읽었다면, 그 소설 속 인물과 비슷한 친구의 이야기를 쓰라고 하는 것입니다. 책의 내용과 상관없이 일단 그 친구에 대해 쓰라고 합니다. 혹은 네 경험을 쓰라고 합니다. 그냥 최근에 있었던 기쁜 일과 슬픈 일 중 하나를 골라서 쭉 쓰라고 합니다. 책을 펼쳐서 공감되는 부분을 그대로 옮겨 적으라고 해도 되고, 공감했던 부분이 없다면 아무 곳이나 펼쳐서 책 내용을 베껴 쓰라 해도 됩니다.

그 학생은 분명 이게 무슨 의미가 있냐며 마음에 들어 하지 않을 겁니다. 그럼 학생에게 "이렇게 해야 네가 패배감이 들지 않아 좋다"라고 말해줘야 합니다. "깊게 생각하지 말고 그냥 선생님이 말한 걸 해라"라고 하면 7분 정도 쓰고 갈 겁니다. 괴발개발 쓰겠지만, 백지로 두는 것보다는 학생에게 의미 있습니다. 다만 모든 선생님이 시도하기에는 무리가 있는 방법입니다. 무기력한 학생을 챙기는 일은 에너지를 많이 써야 하기 때문입니다.

중학교에서 하기 좋은
윤나쌤의 독서 연극 수업

책을 좀 더 재미있게 읽을 수 있는 방법에 무엇이 있을까 고민하다, 읽은 책의 한 장면을 연극으로 만드는 수업을 해봤습니다. 중학교 자유학기 주제 선택 시간(18차시)을 활용했습니다.

책은 중학교 1학년 수준에 맞게 《죽이고 싶은 아이》라는 소설로 했습니다. 도서관에 요청해서 한 반 인원수만큼 책을 샀습니다. 청소년이 주인공이고 인물 간 갈등이 뚜렷한 작품이라 골랐습니다. 학생들에게는 수업 시간에 책을 두 시간 동안 읽고, 모둠원과 함께 선택한 대목을 연극 장면으로 재구성해 역할극을 할 거라고 안내했습니다.

아이들은 처음엔 낯설어서 민망해하지만, 초반 차시에 몸 풀기 활동으로 재미있는 레크리에이션을 하며 학생 간 긴장도를 낮추고 웃음을 마구 유발하면 금방 적극적으로 참여합니다. 즉흥극을 하는 것도 방법입니다. '똥이 급한데 화장실 줄이 긴 상황' '카페에서 커플이 싸우는 상황' 등을 제시하고 1분 정도 모둠원들과 협의할 시간을 준 뒤 바로 연기하게 하는 것입니다.

이후 학생들은 연극의 구성 요소를 간략히 배우고, 2인 1조가 되어 같이 연극으로 표현할 장면을 골라 대본을 씁니다. 대

단계	차시	교수 학습 내용	비고
몸풀기	1~2	수업 개괄, 몸풀기 게임	수업 안내 자료, 구글 설문
준비	3~4	소설 《죽이고 싶은 아이》 읽기	도서 제공
	5~6	책 내용 확인하기, 소설의 인물을 활용한 짧은 역할극	패들렛으로 책 내용 확인
	7~10	모둠 구성하기, 대본 예시 보면서 연극의 구성 요소 이해, 모둠별 각본화, 대본 리딩 연습	도서, 수업 안내 PPT, 패들렛
	11~14	연극 연습(표정·동작 등), 리허설	학생이 쓴 대본
공연	15~17	역할 교대를 통한 연극 공연 (5분 내외)	동료 평가지
후속	18	독서 토론, 소감 정리	패들렛, 구글 설문

본을 쓸 때는 꼭 소설을 펼쳐서 대사를 참고하되 일부는 자기 입말에 맞게 바꿔도 된다고 하면, 학생들이 더 신나게 연극을 준비할 수 있습니다. 연극은 최소 2분에서 최대 5분 정도로 짧은 한 장면만 만들고, 대본도 그 정도 분량으로 작성하라고 말해줍니다.

그다음 연극 연습을 하게 하는데, 대본을 잘 못 외우는 학생들이 많기 때문에 대본을 보며 연기하라고 해도 괜찮습니다.

처음에는 대본을 들고 동작 연기 없이 말로만 감정을 실어서 연기하고, 익숙해지면 일어서서 연기하고, 나중에는 동작을 곁들여 연기해보라고 합니다. 이때 상대방과 눈을 맞추는 것이 중요하고, 상대방의 감정을 읽어내야 한다고 설명합니다. 교사의 폭풍 칭찬이 학생들을 춤추게 하니, 칭찬도 빼놓지 말고 많이 자주 해야 합니다. 또 한 사람이 한 역할만 맡는 게 아니라 상대방과 역할을 바꿔서 두 가지 역할을 모두 해보게 하면 인물에 대한 다양한 관점을 얻고, 장면을 입체적으로 이해하는 데 도움이 됩니다.

공연의 경우 교실 책상을 뒤로 밀어 무대 공간을 만듭니다. 단상이 있는 무대에서 연극을 한다고 하면 학생들이 굳어버립니다. 연습한 공간과 같은 공간인 교실에서 공연하게 하는 것이 좋습니다. 관객이 된 학생들에게는 동료 평가지를 함께 보며 감상하라고 하고, 공연하는 학생들에게는 열띤 호응과 격려를 보내야 합니다. 동료 평가지에는 '목소리 크기' '대사 전달력' '표정 및 동작'과 같은 정의적 영역에 관한 평가 요소를 넣습니다.

공연이 끝난 후에는 소감을 나누고, 연기한 장면에 대해 다른 조원들과 토의하게 하면 학생들이 생각을 정리할 수 있습니다. 인물의 결정적인 선택이 무엇인지, 그 인물이 그렇게 행동한 이유는 무엇인지와 같은 질문으로 경쟁 없이 다양한 이야기를 주고받게 합니다.

중학교 1학년 자유학기 수업으로 진행할 경우 학생들이 하는 활동이 많아서 관찰 내용을 기록하기 좋습니다. 점수로 들어가는 중학교 2~3학년이라면 연극을 준비하는 협동 차원, 학생의 연기 중 언어적 요소, 비언어적 요소로 나눠서 평가할 수 있습니다. 여기에 연극 공연에 대한 동료 평가와 자기 평가를 추가하면 수업의 참여도가 보다 높아지고, 평가의 공정성도 얻을 수 있습니다.

피드백하다가 피 토한다

독서 수업 똑똑하게 피드백하기

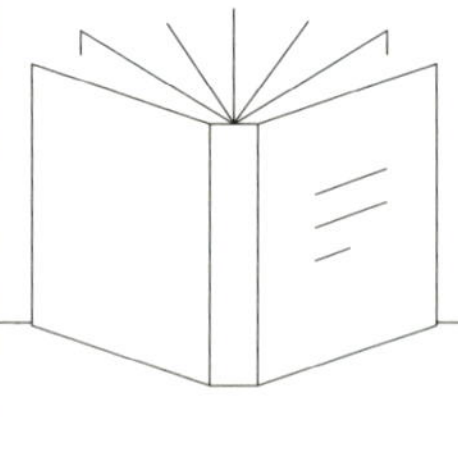

서평 쓰기 수행평가지 28장을 들고 교실 앞에서 심호흡을 한 뒤 들어갔습니다. 학생들은 수행평가 종이가 제 손에 들려 있는 걸 보더니, 깊게 탄식하며 다가올 미래에 대한 걱정으로 낯빛이 어두워졌습니다.

일단 많은 학생이 반복적으로 한 실수와 채점 기준을 설명했습니다. 하나하나 듣던 학생들의 표정이 굳고, '난가?' 하면서 서로 떠드느라 교실이 시끄러워졌습니다.

맞춤법과 띄어쓰기를 틀리는 건 피드백에서 사소한 일입니다. 주장에 대한 이유를 제대로 제시하지 않은 경우, 통일성이 부족한 경우, 들여쓰기를 안 해서 문단 구분이 없는 경우 등을 나열하자 학생들은 왠지 자신도 이 중 하나는 했을 것 같았는지 긴가민가한 표정으로 조금 가라앉았습니다.

수행평가지는 빨리 낸 사람 순서라 어느 번호가 뒤에 나올지 알 수 없는 상태였습니다. 자기 번호를 불린 학생은 친구들과 수행평가 결과를 걱정하다가 근심을 한 아름 안고 느릿느릿 교탁으로 나왔습니다.

"이게 제 점수예요?"

"우와, 감사합니다."

"헐, 이거 왜 깎였어요?"

"….."(끄덕)

반응은 제각각이었습니다. 점수를 보며 눈빛이 흔들리는 학생도 있고, 생각보다 좋은 점수에 연신 감사하다며 인사하는 학생도 있었습니다. 깎인 점수를 보며 발끈하기도 하고, 무슨 생각인지 그냥 고개만 꾸벅하고 가는 학생도 있었습니다.

이후 한 명씩 불러 서평에 대한 피드백을 시작하자 아이들은 1분도 안 되어 금세 흥미를 잃었습니다. 그래도 학생의 서평을 빠르게 훑어가며 훌륭하게 근거를 든 부분, 요약을 잘한 부분, 멋진 표현을 사용한 부분을 짚어주며 칭찬을 했습니다. 감점된 부분과 감점으로 이어지지 않았으나 다소 논리적으로 부족한 부분, 맞춤법이 틀린 부분도 설명해줬습니다. 한 학생당 보통 3~4분 정도 걸렸습니다.

13번째 학생에게 피드백을 주고 있을 때쯤, 교실이 너무 소란해졌습니다. 점수를 확인하고 안심한 학생들의 목소리와 수행평가 점수를 아직 확인하지 못한 학생들의 불안이 교차하며 교실의 데시벨이 한층 올라간 것입니다.

"자, 떠드는 사람 점수 공개합니다. 누가 점수를 알리고 싶은가?"

학생들의 데시벨이 약간 낮아졌습니다. 이런 협박(?)을 16번째, 22번째, 25번째 학생이 피드백을 받을 때 반복하자 종이 쳤습니다. 아직 세 명 정도 남았는데 종이 쳐버렸습니다. 목도 칼칼하고 아파서 다음 시간에 이어서 피드백해준다 하고 교실을 나오니, 학생들이 쉬는 시간에 찾아와서 점수라도 알려달라고 합니다. 마저 피드백을 주고 점수를 알려주면 곧 다음 수업 시간이 되어버립니다.

피드백을 하면 학생들이 앞으로 서평 쓰기를 할 때 도움이 될 것 같아서 시작했는데, 시간도 부족하고 아이들이 정확히 이해했는지도 알 수 없습니다. 점수를 확인하고 나면 피드백에는 흥미가 확 식기도 하고, 처음부터 피드백 따위는 들을 생각도 없다는 태도를 보이는 학생도 있습니다. 다음 수행평가에서는 이런 실수를 반복하지 않기를 바라지만, 다음 학기에도 비슷한 실수가 여전히 이어집니다. 체력도 시간도 썼는데 의미는 없는, 돌 굴리는 시시포스가 된 기분입니다.

학생 수가 30명에 가까운 과밀 학급에서 제한된 시간 안에 피드백을 주려면 어떻게 해야 할까요? 목만 아프고 학생들은 딱히 얻어가는 게 없어 보이는 이 피드백, 계속해야 할까요? 효과적으로 피드백을 줄 수 있는 방법은 무엇일까요?

수행평가에 대한 피드백을 줄 때의 핵심은 욕심을 내려놔야 한다는 것입니다. 학생들에게 피드백이란 자신의 부족한 점을 채우라는 압박으로 들려서 길게 하면 잘 안 듣기 때문입니다.

진실을 듣고 싶니?
적당히 예쁜 말이 듣고 싶니?

피드백은 일대일로 할 수도 있지만, 모둠별로 할 수도 있습니다. 일대일로 피드백을 줄 때는 지적 사항 10개 중 7개는 말하지 말고 3개만 말하는 것이 좋습니다. 앞에 타이머를 2~3분으로 맞춰놓고, 타이머가 울리면 더 할 말이 있어도 딱 멈춰야 합니다. 짧게 대충 말해야 학생이 정신줄을 놓지 않고 배우며 성장할 수 있습니다.

어떤 피드백을 듣고 싶은지 학생에게 살짝 물어보는 것도 좋습니다. 강도는 어느 정도면 좋겠는지, 진실이 듣고 싶은지, 듣기 좋은 이야기가 듣고 싶은지 물어보고 학생이 요청한 수준에 맞게 피드백을 하면 됩니다.

교사의 일대일 피드백은 꼭 필요합니다. 교사가 학생에게 짧게라도 몇 마디를 해주면 그 말이 학생에게 오래 남아서 자기 성장을 도울 수 있습니다.

같은 책을 읽고 각자 글을 쓰되 모둠별로 같이 피드백을 듣게 할 수도 있습니다. 남이 어려움을 겪는 것을 옆에서 볼 때 많이 배울 수 있기 때문입니다. 한 시간에 세 모둠 정도가 최대입니다. 반 전체에 모둠별 피드백을 주려면 두세 시간이 필요합니다. 한 모둠이 피드백을 받을 때 다른 모둠은 놀지 말고 모둠 보고서를 쓰게 하거나 다른 반 학생의 글을 피드백하게 하면 교실이 어수선해지지 않아서 좋습니다.

모든 학생에게 피드백을 줘야 한다는 생각은 욕심

항상 모든 학생에게 피드백을 줄 필요는 없습니다. 교사가 '한 마디 정도는 해보자'며 말해야 할 때도 있지만, 들을 준비가 전혀 되어 있지 않은 학생들에게는 그런 말을 하기 어렵습니다.

예전에 문학 시간에 시 낭송하기 수행평가를 했습니다. 시를 외운 후 준비한 음악과 함께 시를 낭송하고 시와 관련된 이야기를 1분간 하는 10점짜리 수행평가였습니다. 수행평가 후 학생들에게 1번부터 나와서 피드백을 들으라고 하지 않고, "시 낭송 들으면서 선생님이 메모해뒀는데, 자기가 어떻게 했는지 이야기 듣고 싶은 사람은 와"라고만 말했습니다. 그러자 몇몇 학생이 찾아왔습니다. 그 학생들에게만 피드백을 해줬습니다. 듣고 싶어 하지 않는 학생들에게는 해줘도 사실 소용이 없습니다.

간혹 교사가 보기에 도움말을 들을 만한데 안 나오는 학생이 있습니다. 혹시라도 그런 학생이 있으면 조용히 따로 불러서 그 학생에게만 살짝 피드백을 해도 됩니다.

학생들끼리 피드백
공유하게 하기

자신의 결과물로 피드백을 받으면 반발감도 들고 부끄러운 마음에 피드백을 수용하기 어려워하는 학생도 있습니다. 그럴 때는 다른 사람의 글을 피드백하는 활동을 구성하면 좋습니다. 그런데 학생들끼리 피드백을 주고받으라고 하면, 종종 엉뚱한 피드백을 할 때가 있습니다. 이에 대비해서 매우 단순한 피드백 방법을 알려줘야 합니다. 말이 안 되는 부분에는 네모를 그린 후 '말이 안 되잖아'라고 쓰게 하고, 공감이 가는 문단에는 동그라미를 친 다음 '참 잘했어'라고 쓰게 하는 방식을 추천합니다. 딱 이 두 가지만 시키는 것이 좋습니다. 이 이상으로 시키면 이상 행동이 나옵니다.

피드백할 글로는 다른 반 학생들의 글을 가져오면 됩니다. 다른 반의 글을 국어 수업 카페에 게시하고 모둠별로 읽힌 후 카페에 자신이 평가한 내용을 댓글로 달게 하는 방법도 있습니다. 다른 반 학생들 글이라서 같은 반 학생끼리 피드백을 주고받을 때보다 부담이 덜합니다.

이렇게 하려면 처음부터 학생들에게 '수업에서 쓰는 글은 발표하는 글이니 생각하며 쓰라'고 공지해야 합니다. 이 글이 다른 사람에게 공개될 수 있다는 점을 안내해야 합니다. 가끔 싫다고 거부하는 학생이 있을 수도 있습니다. 그래도 예외 없이 공개한다고 합니다. 그러지 않으면 모두 공개하기 싫다고 우르르 몰려올 것입니다. 너무 민감한 내용이 담겨 있는 글만 교사가 미리 슬쩍 빼면 됩니다. 다른 반 학생의 글을 공개할 때는 글쓴이의 이름을 가려도 되고, 가리지 않아도 됩니다. 교실 상황에 따라 교사가 결정하면 됩니다.

다만 글에 대한 피드백을 카페 댓글로 달게 하면 피드백한 사람이 누구인지 드러나기 때문에 서로 싸움이 날까 봐 조심하는 경우가 있습니다. 그래서 종이에 피드백을 정리하게 하는 것보다 효과가 떨어지긴 합니다.

반끼리 피드백을 한 후에 고쳐 쓰는 시간을 가질 수도 있습니다. 한국 학생들은 대체로 고쳐 쓰는 경험이 부족해서 도움이 많이 됩니다. 학기 중 2~3차시를 고쳐쓰기 시간으로 두면 학생들이 그 시간이 아깝지 않을 만큼 성장의 계기를 얻습니다.

피드백을 지필평가에 활용하라

피드백을 한 학기에 한 번 할까 말까 해서 그 횟수가 부족하다는 비판은 피하기 어렵습니다. 학생들이 피드백을 잘 이해했는지 확인하는 것 또한 물리적으로 쉽지 않습니다. 이를 해결할 수 있는 방법은 피드백한 내용을 지필평가에 한두 문제 출제하는 겁니다. 물론 동료 교사들과의 협의가 반드시 필요합니다.

전형적인 방식은 피드백 내용과 관련된 설명이나 그런 유형의 자료를 선택형 문제로 출제하는 것입니다. 고쳐쓰기 시간을 3차시 동안 진행했다고 하면, 피드백에서 설명한 고쳐쓰기 방법 등을 담은 두 문제 정도를 내면 됩니다. 혹은 어떤 시나 소설을 배웠다면, '학생이 이런 글을 썼는데, 이것을 어떻게 고쳤을까' '서평을 쓴다면 어떻게 쓸까'와 같이 읽기 문제나 고쳐쓰기 문제를 출제합니다.

이런 문제는 겉보기에 번드르르하지만 출제하기도 쉽고 답 찾기도 별로 어렵지 않은, 그러나 그 수업을 제대로 듣지 않으면 풀기 어려운 유형의 문제가 됩니다. 또 피드백을 안내 자료로 제공하고, 그에 기반해서 시험 문제를 출제하면 '가르쳤는지 안 가르쳤는지'에 대한 시비에서도 벗어날 수 있습니다.

점수 공개는 나중에

피드백을 줄 때, 점수 공개는 맨 나중에 해야 합니다. 점수를 보면 학생들의 마음이 닫힙니다. 이 단순한 순서의 차이로 결과가 크게 차이 납니다. 점수는 모든 생각을 빨아들이기 때문에 점수를 알려주면 피드백을 잘 기억하지 못합니다. 물론 만점 받은 학생들은 뿌듯함에 피드백이 잘 들리겠지만, 나머지 학생들은 자기 점수에 대한 집착과 상처로 인해 피드백을 잘 듣지 못합니다. 피드백을 한 후에 학생들에게 점수를 공개하는 것이 매우 중요합니다.

주관적인 채점이라고?
수행평가 민원 해결

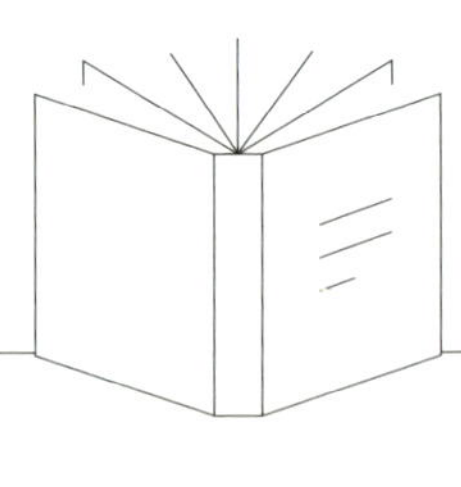

읽은 책에 대한 구술평가 점수를 공개하자 점수가 깎인 몇몇 학생이 울기 시작했습니다. 고등학교 입시에 아주 예민한 학생들이었습니다. 감점 이유를 다 밝혔는데도, 그 아이들은 포기하지 않았습니다.

한 아이가 교무실로 찾아왔습니다. 감점된 부분을 하나하나 짚어줬습니다. 발표 시간, 시선 처리 및 대본 본 횟수, 목소리 크기 등 평가 요소를 알려주자 학생은 잠자코 듣다가 입을 열었습니다.

"선생님의 평가가 주관적인 거 같아요. 목소리 크기가 작았다는 건 좀 주관적이고 기준이 모호하지 않아요?"

교사의 채점 기준에 의문을 제기하는 당돌한 학생의 질문에 주섬주섬 책상 구석에 뒀던 동료 평가지를 꺼냈습니다.

“그럼, 다른 친구들은 어떻게 생각하는지 볼까?”

구술평가할 때 반 전체 학생에게 작성하라고 준 동료 평가지를 한 장 한 장 살펴봤습니다. 동료 평가는 수행평가 점수에 들어가지 않지만, 선생님이 채점 보조 자료로 사용한다고 하니 학생들이 꽤 성실하게 써준 것이었죠. 평가지에는 목소리 크기, 표정, 손동작, 시선과 같은 정의적 영역의 점수를 각각 3점씩 매기도록 되어 있었습니다. 비고란에는 발표에 대한 간단한 소감이 학생별로 적혀 있었어요. 학생과 같이 동료 평가지를 넘기자, 그 학생의 눈에서 불이 뿜어져 나왔습니다. 다행히도 여러 학생의 평가지에서 목소리 크기가 아쉬웠다는 평가를 쉽게 찾을 수 있었습니다.

“목소리 크기에 대해서 선생님과 마찬가지로 감점한 학생들이 선생님 보기엔 꽤 있는 것 같은데, 어떻게 생각해?”

그러자 학생은 입술을 꾹 다물었습니다. 눈을 도르륵 굴리는 것이 무언가 골똘히 생각하고 있는 듯했습니다. 아무래도 이번 쉬는 시간에 쉬는 건 글렀다 싶었습니다.

“그렇지만 제 점수 안 깎은 친구도 있잖아요. 이게 바로 평가가 주관적이라는 거 아닌가요? 그리고 선생님도 틀릴 수 있잖아요?”

어허, 이렇게 말이 안 통할 수 있나 싶었습니다. 한편으로는 무슨 설명을 해도 꿋꿋하게 트집을 잡겠다는 느낌이 들었습니다. 이럴 때는 순진무구한 척하는 것이 최고입니다. 최대한 눈을 동그랗게 뜨고 그런 심한 말을 하다니, 너무하다는 표정을 지어 보였습니다.

"그게 무슨 소리야. 선생님은 채점 전문가야. 선생님은 채점 전문가로 훈련받고 인정받은 사람이야. 그리고 다른 친구들도 동료 평가로 목소리 크기 작았다고 했잖아. 왜 다수 의견을 무시하는 거야? 그리고 국어는 교과 특성상 질적인 요소를 평가하는 부분이 많아서, 네가 말하는 객관적인 평가 기준은 교과 특성에 어울리지 않아. 이런 영역은 국가에서도 합의한 부분이야."

'선생님을 이렇게나 무시하다니, 도무지 이해가 가지 않는다'는 표정을 짓자, 학생이 약간 주춤했습니다. "그래도… 그래도…" 하며 중얼거리다가, 수행평가 점수 급간을 조정할 수 있는지 다른 국어 선생님들과 협의해보겠다는 말을 듣고 교실로 돌아갔습니다.

그리고 다음 쉬는 시간이 되자, 다른 학생이 새로운 문제 제기와 함께 찾아왔습니다. 한 명이 이야기하러 오면 이내 줄지어 옵니다.

"선생님, 저 어디서 감점되었나요?"

책장에 꽂아둔 채점표를 꺼내서 하나씩 읽어줬습니다.

"목소리 작은 거, 시선 처리랑 대본 자주 본 거, 제한 시간 못 지킨 거에서 감점되었어요."

학생의 표정이 조금 굳었습니다.

"그런데, 목소리 크기나 시선 처리 같은 부분은 다른 선생님이 채점하셨으면 점수가 달라질 수 있지 않나요?"

학생이 약간 불만스러운 표정으로 말했습니다.

"채점 방식은 교사들이 함께 협의하고 결정했어. 그리고 각 선생님이 들어가는 학급 전체의 상위 1, 2, 3등급 인원수를 맞춰서 교사 간 채점 기준 적용에 대해 보정을 했어."

학생은 아무 말도 못하고 자기 점수를 빤히 바라봤습니다. 자립형 사립고에 진학하고 싶어 했던 학생이라 점수가 깎였다는 사실에 아쉬움이 큰 듯했습니다.

학생들이 쉽게 꺼내는 카드, 바로 평가의 주관성입니다. 수학이나 과학 같은 이과 과목에서는 답이 숫자로 나오니까 객관적이라고 생각해서 문제에 오류가 있지 않는 이상 이의를 제기하지 못합니다. 하지만 국어, 특히 말하기나 쓰기와 같은 영역은 주관적인 채점이라는 꼬투리가 많이 잡힙니다. 여기서 어버버하면 말리고 맙니다. 왈칵 화를 내도 주도권을 뺏기기 십상입니다. 침착하게 일반적으로 납득 가능한 이유를 제시해야 하는데, 쉽지 않은 일입니다.

 대학에서 평가에 대해 교육받지 않은 학생이 교사의 설명을 이해하고 받아들이리라는 기대는 하지 않아야 합니다. 사안에 따라서는 교사와 학생 사이에 의견 불일치가 있는 게 당연하다는 인식이 필요합니다.

교사의 태도가 중요하다

수행평가 민원에서 제일 힘든 것은 안목이 없는 학생이 문제를 제기할 때입니다. 평가 기준도 알려주고 채점 근거도 알려줬는데 학생이 이해를 못 하기 때문입니다. 심지어 잘한 학생의 결과물을 보여줬는데도 이해를 못 합니다. 그 학생의 눈에는 두 결과물이 똑같아 보이기 때문입니다. 안목이 없는 아이들은 잘한 학생의 결과물을 보여주면 자기 결과물도 잘한 것으로 간주합니다.

그래서 교사에게 '수행평가 민원에서 상대를 납득시키는 건 불가능하다'는 태도가 필요합니다. '이것은 못 알아듣겠구나'라는 체념의 태도를 일단 깔고 난 다음에 학생과 이야기해야 합니다.

채점할 수 있는 권위

교사에게는 행정적으로 본인이 가르치는 과목에서 학생의 말과 글과 매체 표현을 평가할 권한이 있습니다. 교사의 채점이 주관적이라며 항의하는 학생을 다 납득시킬 수 없습니다. 이 균열을 기본값으로 생각하고 그냥 지나가야 합니다.

"어떤 학생의 활동에 대한 채점에서 학생의 판단과 교사의 판단이 다를 때는 교사의 판단을 따르는 것입니다. 원래 그렇습니다."

이런 단호한 말을 해야 할 때도 있습니다.

동료 평가 이렇게 하면 됩니다

오래전 대구교육청 1정 연수에서 선택형 시험 대신 수업 내용을 기반으로 서평 쓰기 활동을 한 적이 있습니다. 이때 동료 평가를 했는데, 30명이 다 함께 서로가 쓴 서평을 본 뒤 자신을 제외하고 1등부터 29등까지 등수를 매기게 했습니다. 채점 결과가 나왔고 등수에 대한 민원은 들어오지 않았습니다. 연수가 끝나고 의견서 하나를 받았죠. 연수받으면서 교사들이 서로 협력하고 책 읽고 서평 쓰고 다 좋았는데, 동료 평가 방식으로 인해 교사들의 우정과 연대 의식에 심각한 손상을 입었다는 내용이었습니다. 그 의견서를 읽고 마음이 미어졌습니다.

동료 평가로 등수를 매기면 교사도 이렇게 상처받는데, 학생들은 더한 고통을 느낄 것입니다. 만약 구술평가에서 동료 평가를 한다면 다른 학생의 발표를 잘 듣도록 유도하기 위한 목적으로 해야 합니다. 발표한 학생이 아닌 발표를 들은 학생의 듣기 점수를 줄 때 동료 평가지를 근거로 사용할 수 있습니다. 동료 평가지는 평가한 학생이 다른 학생의 발표를 성실하게 들었다는 증거가 되기 때문입니다.

동료 평가지의 점수로 발표한 학생의 수행평가 점수를 매기는 것은 적절하지 않습니다. 발표한 학생에게 피드백할 때 참고할 자료로 활용하는 건 가능합니다. 혹은 앞의 사례에서처럼 교사가 채점한 점수를 뒷받침하는 근거로 쓸 수도 있습니다. 동료 평가지는 주로 정의적 영역을 간단한 척도로 평가하게 하거나 잘한 점과 아쉬운 점을 간략히 쓰게 하는 칸을 만드는 방식이 좋습니다.

수행평가는 원래 객관적이지 않아

점수에 지나치게 집착해서 어떤 이야기를 해도 수긍하지 못하는 학생이 늘 있습니다. 이런 학생들과 수행평가 결과를 이야기할 때는 가만히 한참 봐야 합니다. 그리고 말을 매우 조심해야 합니다. 말을 조금 길게 하면 꼬투리 잡혀서 힘들어집니다.

근무하는 학교에 점수에 예민한 학생이 있었습니다. 수행평가 점수를 들고 모든 선생님을 찾아갔고 저에게도 찾아왔습니다. 그 학생은 시 경험 쓰기를 했는데 9점을 받았습니다. 채점 기준 하나하나에 문제 제기가 들어왔습니다.

처음에는 이렇게 이야기했죠.

"채점이 객관적이어야 하는데 선생님 주관적이지 않습니까? 이 경험 쓰기를 어떻게 객관적으로 평가합니까?"

이럴 때 교사는 당황하지 않고 다음과 같이 말하는 것이 좋습니다.

"수행평가 채점이 주관적이어서 문제라고 했는데 수행평가에서는 학문적으로 그리고 행정적으로 객관이라는 용어를 사용하지 않습니다.

수행평가는 평가자의 전문성에 기반해서 평가자의 주관으로 판단하는 평가입니다. 예를 들면 체육 시간에 농구 골을 몇 번 넣었는지 따지는 활동에서는 평가자의 주관이 개입되지 않습니다. 반면 주장하는 글쓰기에서는 논리의 타당성을 따지게 되는데, 우리나라뿐 아니라 선진국들의 채점 기준표에도

'논리가 매우 뛰어남' '뛰어남' '보통' '미흡'이라고 표현되어 있습니다. 논리가 매우 뛰어남과 뛰어남 사이, 또는 뛰어남과 보통 사이를 판단하는 것은 평가자의 주관입니다.

따라서 수행평가에서 주관적이어서 문제라는 주장은 교육학적으로 성립하지 않습니다."

이렇게 말하면 반박할 말이 없을 것처럼 보입니다. 그런데 학생은 이것 하나만 준비해오지 않습니다. 점수에 집착하는 학생들의 대사는 몇 년이 흘러도 늘 똑같습니다. 그래서 지금 답변하는 것을 기억해두셨다가 그대로 답변하시면 대부분 상황이 종료됩니다.

교사 간 채점 일관성은요?

학생은 또 이렇게 말할 것입니다.

"앞뒤 반을 나눠서 두 명의 선생님이 채점하는 상황이니 두 사람의 주관이 똑같아야 하는데 어떻게 선생님 두 분의 주관이 똑같습니까?"

그럼 이렇게 말하면 됩니다.

"우리도 평가 계획에 적어놨을 텐데, 앞뒤 반 전체에서 해당 활동의 상위 1등급, 2등급, 3등급의 명수를 맞춥니다."

그러면 학생이 또 "선생님, 반별 비율로 맞추면 안 되는 것 아닙니까? 어떤 반은 잘하고 어떤 반은 좀 못하면 차이가 있지 않습니까?"라고 합니다.

그때 교사는 이렇게 말하면 됩니다.

"그래, 그래서 우리가 반별로 맞추지 않고 들어가는 반 전체로 비율을 설정합니다."

채점 기준은요?

이제 학생은 채점 기준으로 치고 들어옵니다.

"저는 어디서 깎인 건가요?"

그러면 말을 정정해야 합니다.

"일단 깎인 것이 아니라 너는 점수를 얻지 못한 것입니다."

점수를 깎았다는 부정적인 말은 학생의 심장을 파고듭니다. 현재의 점수를 '얻은 것'이라고 표현을 전환하면 학생은 조금 누그러집니다. 말이 아 다르고 어 다르다고 하지 않습니까. 의외로 이렇게 말을 바꾸는 것이 학생들에게 효과가 있습니다.

그리고 학생과 채점 기준을 보다 보면, 이 학생이 감점을 받은 부분이 보입니다. 이를 침착하게 설명하는 것이 좋습니다.

174

10점 만점에서 9점을 받은 거라고 해보죠. 세부 기준 5개에서 4개 만족, 3개 만족, 2개 만족, 이런 식으로 배점을 뒀는데, 어떤 특정한 하자 하나가 일방적으로 난 것이 아니라 모두 3분의 1씩 부족했고 합해서 1점이 깎인 경우입니다.

그것을 정직하게 이야기하면 학생은 분명 시비를 걸 겁니다. 좀 포괄적인 평가 기준을 골라서 설명해야 합니다. 예를 들어 '상투성, 이걸로 갖고 가자' 한 다음 "너는 상투성에서 해결이 좀 덜 되었네"라고 말하는 것입니다.

사실 상투성은 답이 없는 문제입니다. 평가자의 주관이기 때문입니다. 그러면 그 학생이 또 할 말이 없으니까 속으로 씩씩대면서 "선생님, 그건 고등학생이 극복하기에 너무 어려운 채점 기준 아닙니까?"라고 이야기할 수 있습니다. 그럴 땐 "시 경험 쓰기 활동에서 만점이 없는 반도 있고 한 명 있는 반도 있고 그렇습니다. 만점 받는 것이 원래 어렵습니다"라고 말하면 학생이 이제 물러갑니다. 국어 교사는 보통 이런 과정을 다 겪습니다.

끝나지 않는 엔딩, 국민신문고

그다음에 이 학생이 좋지 않은 마음을 품으면 청와대 신문고에 글을 올리거나 보호자를 동원해서 전화를 겁니다. 만약 청와대 신문고에 민원이 올라오면, 학생에게 설명한 내용을 되풀이해서 짧게 쓰면 됩니다. '수행평가는 원래 평가자의 전문성에 기반해서 평가자의 주관으로 하는 것입니다. 따라서 이 민원인의 수행평가가 객관적이어야 한다는 논리는 성립되지 않음을 알려드립니다.' 한 다섯 줄 정도 쓰면 상황이 종료됩니다. 길게 쓰는 것보다 이 정도로 쓰는 것이 적절합니다.

학생이 보호자를 동원해서 수행평가 채점이 주관적이라는 민원 전화를 했을 때는 간단하고 명확하게 말해야 합니다. 앞서 농구와 글쓰기를 비교한 이야기를 그대로 전하면 답변이 됩니다. 인문·사회 영역의 수행평가는 주관적인 속성이 있다는 점을 강조할 필요가 있습니다. 예를 들어 주장하는 글쓰기의 평가 요소인 '논증의 적절성'은 '매우 좋음' '좋음' '보통' '미흡' '매우 미흡'과 같은 척도를 사용합니다. 따라서 논증의 적절성은 평가자의 전문성에 기반한 주관으로 평가한다고 설명하면 됩니다.

보호자가 또다시 같은 내용으로 민원을 넣으면 교사도 같은 말을 반복합니다. 민원에 답하기 위해 창의적인 언어 표현을 사용하려고 하면 정신적으로 피폐해집니다. 지적 대화를 하는 상황인지 언어로 공격하는 상황인지 판단해야 합니다.

의도를 가진 언어 공격이라면 행정적으로 방어하는 대화법을
사용해야 합니다.

꿀팁 대방출

독서 수업을 위한 추천 사이트 애장판

멀리 가기 위해
함께 떼는 발걸음

독서 수업을 기획하다 보면 교재나 이론만으로 해결되지 않는 현실적인 문제들이 쏟아집니다. 하지만 이런 고민을 누구에게 쉽게 털어놓기란 어렵습니다. 함께 일하는 동료 교사에게 묻는 것도 조심스러울 때가 있고, 막연한 검색으로는 믿을 만한 정보를 찾기 어렵기 때문입니다.

그래서 이 장에서는 현장감 있는 수업 사례, 교사들이 직접 경험한 시행착오와 노하우, 지속적으로 자료를 공유하고 있는 신뢰할 만한 블로그나 커뮤니티를 소개합니다. 독서 수업의 방향이 선명하지 않을 때, 혹은 새로운 아이디어가 필요할 때 여기 소개된 교사들의 기록이 든든한 길잡이가 되어줄 것입니다. '나만 이렇게 힘든 게 아니었구나' '이렇게 해도 괜찮겠구나'라는 작은 확신이 다시 선생님의 수업을 이어가게 하는 원동력이 될 것입니다.

구본희 선생님 블로그

구본희 선생님의 블로그는 중학교 독서 수업을 운영하는 교사들에게 특히 추천할 만한 자료 창고입니다. 학생의 참여를 이끄는 다양한 수업 사례가 모여 있어, 수업 설계가 어려운 교사들에게 실질적인 방향을 제시해줍니다.

예를 들어 시집을 읽고 모둠별로 시를 추천하거나 대화를 나누는 활동, 책을 읽은 후 '청소년 문학상 심사위원'이라는 역할극을 통해 발표하는 수업 등은 아이들의 몰입도를 높이는 동시에 수업의 재미도 더해줍니다.

무엇보다 긴 호흡의 프로젝트 수업을 차시별로 구체적으로 안내하고 있어, 단순 아이디어를 넘어 수업 전체 흐름을 구성하는 데 도움이 됩니다. 수행평가와 루브릭에 대한 고민이 있는 교사라면, 구본희 선생님의 평가 관련 강의 자료와 글을 꼭 참고해보시길 추천드립니다.

○ **윤나의 팁**   수업을 단계적으로 설계할 때, 블로그에 올라온 프로젝트 수업의 흐름을 따라가며 자신의 수업 구조를 만

들어보세요. 다양한 평가 루브릭 자료도 꼭 저장해두세요. 요긴하게 쓰입니다.

김영희 선생님 블로그

김영희 선생님의 블로그는 독서 수업의 전반적  인 설계를 고민하는 선생님들에게 유용합니다. 성취기준과 수업 목표를 연결하는 방법이 궁금 할 때, 이 블로그를 참고해 단원 구성의 방향을 명확히 잡을 수 있습니다. 한 학기 한 권 읽기나 서평 쓰기 수업에서 활용 할 수 있는 추천 도서, 실제 학생 글, 질문지, 활동지가 폭넓게 있어 현실적인 수업 설계에 큰 도움이 될 것입니다. 수업 철학 부터 수업 자료까지 이어져 있다는 점에서 수업의 '뼈대'를 세 울 때 살펴보기 좋은 자료 창고입니다.

○ **윤나의 팁**　도서 추천과 독서 수업 자료가 필요할 때 백과사 전처럼 찾아보면 많은 도움을 받을 수 있습니다.

○ **보혜의 팁**　활동지를 그대로 사용하기보다, 수업 상황에 맞 춰 활동의 난이도를 조정하거나 텍스트를 교체해 유연하 게 응용해보세요.

하고운 선생님 블로그

하고운 선생님의 블로그는 다양한 도서에 대한  정보를 얻고자 하는 교사에게 매우 유익합니다. 수업에 바로 적용할 수 있는 도서 목록, 수업 사례, 그리고 교육 철학을 중심으로 고민한 흔적이 담긴 글도 많아 수업을 바라보는 관점까지 넓힐 수 있습니다. 수행평가를 단계적으로 설계하고, 도서 기반 수업을 여러 방식으로 해보고 싶을 때 참고하면 좋습니다.

○ **윤나의 팁**　책 정보를 얻거나 수업 사례가 필요할 때마다 가볍게 훑어보세요. 시간 대비 소득이 큽니다.

김병섭 선생님 블로그

김병섭 선생님의 블로그는 단순한 '읽기'에서 한 걸음 더 나아가 탐구적 독서를 실현하고자 하는 교사에게 추천합니다. 학생들이 작품을 읽고 '무엇을 느꼈는가'를 넘어서 '무엇을 생각했는가'까지 확장할 수 있도록, 현실 문제와 연결된 질문 중심 수업 사례가 풍부하게 제시되어 있습니다. 감상형 서평에서 벗어나 사고력과 분석력을 요구하는 수업을 고민할 때, 깊이 있는 모델이 되어주는 블로그입니다.

O **보혜의 팁**   수행평가에서 '사유형 서평'을 쓰게 하고 싶다면, 블로그의 글쓰기 모델과 질문 설계 방식을 적극 활용해 보세요. 또 사회적 이슈와 관련된 수업 주제를 찾을 때 블로그에서 제시하는 탐구 흐름을 수업의 큰 틀로 삼으면 유용합니다. 새로운 수업을 기획하거나 학생들의 흥미를 끌 수 있는 방법을 고민하는 분들께도 강력 추천합니다.

송승훈 선생님 블로그

송승훈 선생님의 블로그는 한 학기 한 권 읽기 수업을 보다 깊이 있게 설계하고자 하는 선생님에게 추천하고 싶은 공간입니다. 독서에서 토론, 그 
리고 서평 쓰기로 이어지는 수업 흐름이 통합적으로 구성된 실제 수업 사례가 자세히 소개되어 있어 수업의 단계별 기획에 큰 도움이 됩니다. 수업에서 사용한 도서 목록과 그에 따른 활동지와 학생들의 서평 결과물까지, 아낌없이 공유된 자료에 생생한 현장의 고민과 철학이 오롯이 담겨 있습니다. 특히 '학생 참여형 독서 수업'의 구체적 운영 방식이 궁금한 선생님들이 현장감 있는 안내서로 활용할 수 있을 것입니다.

○ **윤나의 팁** 수업의 흐름이 자연스럽게 정리되어 있어 한 권 읽기 수업을 처음 시도하는 교사도 쉽게 따라갈 수 있어요.

○ **보혜의 팁** 활동지나 질문지를 수업의 단계에 맞게 재구성하거나 학생 수준에 따라 난이도를 조절하면 활용도가 더욱 높아집니다. 학생 서평은 글쓰기 수업 전 모델 텍스트로 제시해도 효과적이에요.

물꼬방(전국국어교사모임 독서교육 분과)

'물꼬방'은 이름 그대로 국어 수업에 새로운 흐름과 활력을 불어넣고 싶은 선생님들에게 꼭 필요한 커뮤니티입니다. 독서 수업뿐 아니라 국어

교육 전반에 대한 심도 있는 고민과 자료를 나누는 이 모임은, 정기적인 대면 연수와 연간 자료집 발간으로도 유명합니다. '수업과 교육에 열정 있는 교사들이 이렇게 많구나!'라는 동료애와 연대감을 느낄 수 있는 곳이기도 합니다. 실제 교실에서 검증된 독서 수업 사례나 한 권 읽기 실천기, 서평 활동 자료가 풍부하게 아카이빙되어 있어 막막할 때 비빌 언덕 같은 역할을 합니다.

○ **윤나의 팁** '내 수업 이대로 괜찮은가?'라는 생각이 들 때,

선생님들의 실제 고민과 수업 기록을 읽다 보면 공감과 용기를 얻을 수 있어요. 회원 가입 없이도 자료를 내려받을 수 있답니다!

경기도중등독서교육연구회

경기도중등독서교육연구회는 독서 수업을 중심에 둔 중등 교사들의 학습공동체입니다. 경기도에서 11개 지회가 활동하고 있으며 회원 수가 많고 활동력이 있는 모임입니다. 대면 독서 토론 모임에 참여하고 싶을 때 참고하면 좋습니다.

이동진 선생님의
〈비경쟁 독서 토론으로 '고전 읽기' 수업하기〉
《함께 여는 국어교육》 2021년 봄호

'비경쟁 독서 토론'이라는 낯설지만 의미 있는 수업 방식에 관심이 있다면, 이동진 선생님의 수업 기록을 읽어보시길 추천합니다. 특히 신규 교사나 수업 운영 경험이 부족한 선생님들에게 단계적이고 친절한 설명이 큰 도움을 줄 것입니다. 고전 텍스트를 중심으로 한 학생들의 협력적 읽기와 토론이 어떻게 이뤄질 수 있는지를 구체적으로 보여주고 있어, 토론 수업의 도입을 고민 중인 분들이 실질적인 안내서로 삼을 수 있습니다.

《함께 여는 국어교육》 2022년 가을호

'문해력'을 핵심 주제로 삼아 학교 독서 교육의 현재와 과제를 정면으로 다룬 전국국어교사모임의 회지입니다. 단순한 진단을 넘어, 교사들이 '무엇을 어떻게 해야 하는가'에 대한 실천적 지혜를 풍부하게 제안합니다.

예를 들어 박신애 선생님의 〈잘 읽는 학생, 안 읽는 학생, 못 읽는 학생〉은 청소년 비독자의 유형을 '급락형, 완만한 하락형, 고정형'으로 세분화하고 각각의 원인과 처방을 상세하게 제시합니다. 대담 〈한 학기 한 권 읽기와 문해력〉에서는 자세한 수업 사례를 통해 '대화, 질문, 토론'으로 이어지는 독서 수업이 어떻게 학생들의 의미 구성 능력을 확장하고, 긴 호흡의 읽기를 가능하게 하는지 알 수 있습니다.

아울러 김민정 선생님의 〈국어 시간에 슬로 리딩을 만나다〉 수업 기록은 중학생들과 함께하는 느린 읽기의 실천을, 강이욱 선생님의 〈설명하고 질문하고 토의하며 함께 읽기〉는 고등학교에서도 비문학 텍스트를 같이 읽으며 문해력을 심화시킬 수 있다는 것을 보여줍니다. 두 사례는 수업 운영 방안뿐 아니라 교사의 시선에서 바라본 학생들의 반응과 성장을 생생하게 전하고 있습니다.

《함께 여는 국어교육》 2020년 봄호

'한 학기 한 권 읽기'라는 중요한 교육적 화두를 중심에 둔 특집호로, 교사들이 실제 교실에서 겪는 독서 수업의 어려움과 고민을 진솔하게 담아낸 자료입니다. 특히 수업 설계에 막막함을 느끼는 교사들에게 상세한 수업 사례와 현실적인 조언을 풍성하게 제공한다는 점에서 강력히 추천할 만합니다.

김은희 선생님의 글 〈김 선생의 독서교육 실패담〉은 독서 수업의 시작부터 실패까지, 그리고 그 실패를 어떻게 성장의 밑거름으로 삼았는지를 솔직하게 기록하고 있습니다. 어떤 책을 고를지, 아이들이 책을 안 사오면 어떡할지, 책을 읽히고 글까지 쓰게 할 수 있을지 고민하고 있다면 읽어보시기를 권합니다.

또한 대담 〈한 학기 한 권 읽기에 대한 교사의 고민 해결〉에서는 김영란 교수님을 비롯한 경험 많은 교사들이 '왜 읽게 할 것인가'에서부터 '어떻게 쓰게 할 것인가'에 이르는 고민을 나누며 유효한 해결책을 모색합니다. 김애연 선생님의 글 〈이 책들로 한 권 읽기를 해 보세요-고등학교〉로는 실제 수업에 적용할 수 있는 추천 도서 목록을 준비할 수 있습니다. 한 권 읽기 수업에서 학생의 호응을 이끌어내는 데 도움이 되는 책들입니다.

《함께 여는 국어교육》 2025년 가을호

'독자를 기르는 수업'이라는 주제를 바탕으로 독서 교육의 이론적 토대부터 교실 속 살아 있는 실천까지 한 권에 담은 종합 안내서입니다.

김소진 선생님과 백혜선·심영택 교수님의 대담 〈연구자에게 듣는 책 읽기 수업의 오늘과 내일〉에서는 한 권 읽기 교육의 탄생 배경과 학문적 맥락을 짚으며 읽기가 어떻게 학생의 삶과 연결될 수 있는지를 탐구합니다. 이어 김영희 선생님의 〈교과서 수업으로 읽기 근육 키우기〉와 이누리 선생님의 〈읽는 나를 들여다보는 메타인지 전략〉은 읽기의 기초 체력과 자기 점검 능력을 길러주는 실제 수업 방법을 제시합니다.

한편 김지은·윤재오 선생님의 〈깊이 있는 책 대화를 위한 열 가지 방법〉은 책을 함께 읽고 의미를 확장해가는 대화의 힘을 구체적인 활동으로 보여주며, 권희송 선생님의 대담 〈제자들이 말하는 독서 수업의 풍경과 흔적〉은 학생의 목소리를 통해 '독서 수업이 남기는 삶의 자취'를 생생하게 전합니다.

여기에 중고등학교 수업 사례와 학교도서관, 교사 모임의 이야기가 어우러져 한 권의 책을 매개로 교실-연구-공동체가 서로 맞물려 성장하는 독서 교육의 현재와 미래가 입체적으로 그려집니다. 교실 속에서 학생을 '독자'로 길러내고자 하는 교사라면, 이 가을호는 든든한 이론서이자 현장 매뉴얼이 되어줄 것입니다.

단단한 뿌리에서 오는 안정감

교육과정 속
독서 교육의
철학

뿌리 가기 위해
함께 떠나는 발걸음

선생님들은 가장 열심히 교육과정을 들여다보고 분석했을 때가 언제인가요? 저는 돌아보면 교직 생활보다는 그 전에 임용 시험을 준비할 때입니다. 처음 발령받고 나서 수업을 준비할 때도, 교육과정보다는 교과서와 지도서를 보며 텍스트 자체를 분석하고 수업을 설계하기에 급급했습니다. 이후에도 매년 동일한 교과서와 텍스트로 수업하면서 교육과정과는 마음 편히 더 멀어졌습니다.

그러다 새로운 교육과정의 도입이 다가오자, 바뀐 교육과정과 교과서로 수업해야 한다는 부담감이 저를 다시 교육과정과 가까워지게 만들었습니다. 2022 교육과정과 관련된 연수를 찾아 듣고 교육과정과 교과서의 관계를 꼼꼼하게 들여다봤죠. 그러면서 교육과정이 단지 행정지침이 아니라, 내가

'왜' 이 수업을 하는지, '어떻게' 해야 학생들과 살아 있는 수업을 만들어갈 수 있는지 알려주는 철학이라는 점을 되새기게 되었습니다.

2022 국어과 교육과정에서 독서 교육은 다양한 의미입니다. 독서 수업은 학생들이 책을 통해 자기 삶과 세상을 읽고, 공동체 속에서 자신을 표현하고 구성원과 연결되는 과정으로 정의되고 있습니다. 이런 맥락에서 삶의 문제를 탐색하고 해결하는 통로로서의 독서, 의미 구성 활동으로서의 독서, 통합적인 언어 활동으로서의 독서를 강조하며 이 과정에서 학생 중심의 자기 주도적 독서가 이뤄지는 것을 지향합니다. 사실 이전 교육과정과 비교해 완전히 새롭게 언급된 내용은 아니죠. 그렇지만 이러한 기조 속에서 특별히 강조된 내용을 살펴본다면, 크게 두 가지로 정리할 수 있습니다.

첫째는 비판 이론과 사회 참여 교육의 본격적 도입입니다. 이번 교육과정은 독서 수업의 요점이 독서를 통해 사회문제를 비판적으로 바라보고, 공동체 안에서 자신의 의견을 제시하고 실천하는 시민으로 성장하는 과정에 있다고 봅니다. 사고력 향상이나 표현력 개발 그 이상을 요구하는 겁니다.《독서와 작문》《주제 탐구 독서》《독서 토론과 글쓰기》 과목에서 이점이 특히 강조됩니다. 읽기-말하기-쓰기의 경로는 곧 삶의 문제를 비판적으로 성찰하고, 공동체적 해결 방안을 모색하는 민주 시민 교육의 실천이 되는 것입니다.

수업을 준비하며 종종 '지금 가르치고자 하는 것이 학생들에게, 그리고 그렇게 배움을 익힌 학생들로 하여금 사회에 어떤 긍정적 영향을 미치게 할 수 있을까?'라는 물음에 빠질 때가 있습니다. 아마 다른 많은 선생님도 같은 고민을 하고 계실 것입니다. 이번 교육과정으로 우리 고민의 방향은 맞았고, 이제는 어떻게 이런 수업을 할 것인지를 계획해봐야겠다는 생각이 듭니다. 학생들이 사회적 문제를 스스로 읽어내고 해석하게 하려면, 교사는 적절한 텍스트를 선정해 학생들에게 제공하고, 안내자로서 그 텍스트와 문제를 연결해줄 적절한 질문을 고민해야 합니다. 또한 독서를 사회 참여의 출발점으로서 인지하고, 그에 따라 수업도 '읽고 정리하고 끝내는 수업'이 아니라 '질문을 던지고 대화를 여는 수업'으로 달라져야 합니다.

둘째는 협력하는 독서의 본격적 강화입니다. 이전 교육과정에서도 함께 읽고 대화하고 토론하는 활동의 중요성이 언급되긴 했지만, 2022 개정 교육과정에서는 이것이 더 명시적이고 체계적으로 요구되고 있다는 점에서 차별성이 있습니다. 특히 '모둠 토론' '책 대화' '협동 작문' 등 학생 간 상호 작용 중심의 협력적 독서 활동이 강조되는데, 이는 학습 방식의 다양화일 뿐만 아니라 사회적 요구에 응답하는 교육적 방향이기도 합니다.

교육과정은 사회의 요청을 반영합니다. 오늘날 사회는 권위주의적 소통 방식이 점차 사라지고, 협력과 수평적 관계, 소통 능력을 더 중시하는 방향으로 변화하고 있습니다. 조직 내 '소통 불능'이 업무를 어렵게 만들고, 단절된 커뮤니케이션은 곧 조직의 리스크로 이어진다는 인식이 보편화되면서, 학교에서도 이러한 역량을 키워주는 교육이 이뤄져야 한다는 요구가 커진 것입니다. 기업 담당자들과의 인터뷰를 보더라도, '업무 능력보다 더 심각한 문제는 소통이 안 되는 직원'이라는 말이 자주 언급됩니다. 결국 교육과정 역시 학생들이 미래 사회에서 소통 가능한 시민으로 성장할 수 있도록 오해 없이 생각을 나누고 협력하는 능력을 기르는 데 초점을 맞추게 된 것이죠.

이제 독서 수업은 더 이상 혼자 책을 읽고 생각을 정리하는 데 그치지 않습니다. 함께 책을 읽고, 질문을 나누고, 서로의 관점에 반응하고 생각을 조율해가는 과정이 수업의 중심이 되어야 합니다. 교사는 그 흐름을 설계하고 연결하며, 학생들이 '함께 읽는 힘'을 기를 수 있도록 이끌어야 합니다. 독서 수업이 공동체적 의미 생성의 장이 되어야 한다는 것, 그것이 바로 이번 교육과정이 우리에게 요청하는 큰 방향 가운데 하나라고 생각합니다.

그래서 어떤 독서 수업을 하고 싶으신 가요?

2024년 여름에 경기국어교사모임에서 '독서 수업 고수' 선생님을 모시고 대담 연수를 열었습니다. 대화를 준비하면서 예상 질문들을 정리했지만, 현장에서 마주한 수많은 이야기는 우리의 준비를 훌쩍 넘어서는 깊이와 결을 지니고 있었습니다. 연차도, 학교도, 상황도 다르지만 모두가 느낀 것은 하나였습니다.

'나만 고민하는 게 아니었구나.'

아마 이 글을 읽고 계신 선생님도 수업의 길이 막막했던 순간이 있었을 겁니다. 가야 할 방향을 찾지 못한 채 무거운 마음을 안고 교실로 들어가는 그 경험 말이지요. 그때마다 우리는 다시 생각합니다. 어떤 책을 고를지, 어떤 방식으로 읽힐지, 그다음 무엇을 쓰게 할지…. 그리고 고민들은 결국 하나의 질문으로 수렴되어 나에게 돌아옵니다.

이 질문은 한 번 던졌다고 끝나는 것이 아닙니다. 우리 안에서 맴돌며 우리를 앞으로 나아가게 합니다. 학교 안에서, 때로는 연수 자리에서, 또 이렇게 한 권의 책을 통해 계속해서 '나의 독서 수업'과 '나의 독서 교육 철학'을 다듬어가게 합니다.

멘토와 함께한 이번 여정도 마무리 단계에 와 있습니다. 이제 잠시 멈춰 서서 선생님의 이야기를 써 내려가보면 어떨까요? 여기까지 읽어오신 선생님의 모든 고민과 노력을, 조용히 응원합니다. 그리고 분명히 말할 수 있습니다.

"이 책을 펼치고 있는 선생님의 손끝이 이미 수업을 바꾸고 있습니다."

이름:

단원	독서 수업 지도	차시	
학습 목표	• 나만의 독서 교육 목표를 세울 수 있다. • 독서 교육의 목표를 실현할 수업을 구상할 수 있다.		

✦ 지금까지 했던 독서 수업 중, 마음에 오래 남는 수업이 있다면 무엇인가요? (아쉬웠던 수업, 기특했던 순간, 작지만 인상 깊었던 장면도 괜찮습니다.)

✦ 그 수업을 다시 한다면, 무엇을 다르게 해보고 싶으신가요? (그때는 몰랐지만, 지금 떠오르는 새로운 방향이 있다면요.)

✦ 앞으로 한 번쯤 꼭 시도해보고 싶은 독서 수업은 어떤 모습인가요? (책의 종류,
　수업 방식, 쓰기 활동, 토론 방식 등 자유롭게 상상해보세요.)

✦ 선생님의 독서 수업을 통해 학생들이 무엇을 느끼고 배우길 바라시나요?

선생님의 손으로 써 내려간 이 '수업 일지'가

다음 학기 어느 수업의 첫 장이 되기를 바랍니다.